되고 싶고
하고 싶고
갖고 싶은
40가지

이 책을 소중한

_____님에게 선물합니다.

_____ 드림

꿈을 만들어 가는 사람들의 반짝반짝 빛나는 이야기!

되고 싶고
하고 싶고
갖고 싶은
40가지

기획 · 김태광
김태광 · 진찬란 외 38인 지음

시너지북

꿈이 이끄는 삶을 살아라!

전남 순천시의 순천만국가정원에는 '꿈의 다리'가 있다. 세계 최초의 물 위에 떠 있는 미술관이다. 세계 16개국 14만 명의 어린이가 참여해 꾸민 공간이다. 벚꽃이 피던 봄, 그곳에서 아들 지훈이의 사진을 찍고 SNS에 올리며 다음과 같은 글을 썼다.

"세계 16개국 친구들의 꿈 앞에서 너는 또 어떤 꿈을 간직하며 살고 있을까? 네게 다가올 시간들이 엄마 아빠는 무척 궁금하단다. 네가 어떠한 상황에서도 늘 꿈을 꾸고 살았으면 좋겠다."

사람들이 어떤 꿈을 꾸고 있는지 궁금하지 않은가? 이 책에서는 불안하고 힘든 현실 속에서도 꿈을 간직하고 이루려는 다양한 노력들을 찾아볼 수 있다. 이 책에 적힌 꿈들을 읽어 보고 자신의 꿈과 공통적인 부분이 있다면 당신의 책이라고 생각해도 좋다. 동시대를 살아가는 우리가 간직한 꿈이니 말이다. 누구에게나 꿈을 간직할 권리가 있다. 허황된 꿈이라도 꿈꾸는 사람에게는 꿈을 이룰 수 있는 가능성이 있기 때문이다. 꿈이 없는 사람보다 훨씬 낫다.

여기 40명의 이루고 싶은 꿈들이 적혀 있다. 마음속에 있던 꿈을 글로 적어 책으로 낸다는 것은 꿈을 실행하고자 하는 확고한 의지를 보여 주는 것이다. 책으로 내기 위해 신중하게 탈고했을 이들의 노력이 꿈으로 가는 길을 조금이라도 단축해 주리라 확신한다. 다른 사람의 꿈을 읽고 다시 나의 꿈으로 간직해 그 길을 향해 걸어가게 되는 것처럼 당신도 나와 함께하기를 바란다.

2017년 3월

김미정

CONTENTS

되고 싶고
하고 싶고
갖고 싶은
40가지

1 - 10

김태광 진찬란 주유희 이수형 이장희
박성혜 김영숙 포민정 서명식 유지은

1,000명의
1인 기업가 배출하기

김태광

〈한책협〉 대표이사, 대한민국 대표 책 쓰기 비법 스타강사, 초·중·고등학교 16권의 교과서에 글 수록,
제1회 대한민국 기록문화대상, 대한민국 신창조인대상, 도전한국인대상 수상
저술과 강연을 통해 수백 명을 작가와 강연가, 코치, 컨설턴트로 만들었으며, 지금까지 200여
권의 책을 집필했다. 2011년 제1회 '대한민국기록문화대상' 최고기록부문 '책과 잡지분야'를
수상했고, 2012년 '대한민국 신창조인 대상', 2013년 '도전한국인 대상'을 수상했다. 현재 네
이버 카페 〈한국 책쓰기 성공학 코칭협회〉를 운영하고 있다.

E-mail vision_bada@naver.com

지금 대한민국은 '1인 기업 전성시대'다. 책을 쓰고 있는 나 역시 '김태광 비전연구소'와 〈한국 책쓰기 성공학 코칭협회(이하 한책협)〉를 운영하고 있다. 평생직장이 사라진 지 오래인 만큼 앞으로 갈수록 1인 기업가들이 늘어날 것이다. 1인 기업은 자신의 이름을 내걸고 무점포에다 직원 없이 기업을 운영할 수 있기 때문에 지출이 적다. 그동안 나는 1인 기업을 운영해 오면서 느낀 것이 있다. 조직이 클수록 매출이 늘어도 실질적인 수익은 줄어드는 반면, 1인 기업은 저술 인세 수입과 강연, 코칭 수입 등의 수입이 고스란히 내 통장에 들어온다는 것이다. 이보다 더 알짜배기 사업은 없다.

지금은 〈한책협〉을 운영하며 작가, 코치, 강연가, 1인 기업가를

배출하는, 성공한 메신저로 살아가고 있지만 과거의 나는 그렇지 못했다. 가난했던 탓에 중학교 때부터 신문배달, 주유소 아르바이트, 막노동, 전단지 돌리기, 피자가게 아르바이트, 공장 생활을 해야 했다. 스무 살에는 주유소에서 아르바이트를 하면서 1톤 트럭에 휘발유를 주입해 월급도 받지 못한 채 쫓겨나는 수모도 당했다. 대학 졸업 후 취직이 되지 않아 좌절과 절망을 시소 타듯 오갔다. 하지만 그 가운데에서도 작가의 꿈을 실현하기 위해 치열하게 살았다. 20대에는 다신 돌아가고 싶지 않을 만큼 입에 단내가 날 정도로 고군분투했다. 그 결과 내가 꾸었던 꿈들을 모두 이루었다.

나는 지난날 회사에 취직하기 위해 기를 쓰기보다 책을 썼던 나 자신이 너무나 대견스럽다. 대기업에 들어갔다며 떵떵거리던 또래들은 현재 실직해 다른 일자리를 알아보고 다닌다. 또 다른 친구들은 자신의 자리를 찾기 위해 수천만 원을 대출받아 대학원에서 공부하고 있다. 나는 이런 생각이 든다. 만약 내가 그 친구들처럼 직장생활에 목숨 걸었었다면 지금쯤 나는 어떤 모습을 하고 있을까? 살얼음을 걷는 것처럼 목숨이 간당간당할 것이다. 직장생활에는 반드시 끝이 있다. 그리고 그 끝은 예상보다 일찍 찾아오는 법이다.

나는 책을 써서 작가, 코치, 강연가, 1인 기업가가 되었다. 그래서 만나는 사람들에게 책을 써서 1인 기업가로 살아야 한다고 말한다. 1인 기업가로 살기 위해서는 가장 먼저 자신의 이름으로 된 책을 써내야 한다. 책은 나를 남들과 비교되고 구분되게 해 주는 나만의 도구다. 책을 쓰면 다양한 이점들이 있다. 눈에 보이는 인세 수입이나 칼럼 기고료, 강연료 등은 차치하고라도 인생의 질이 달라진다. 그래서 나는 사람들에게 "책을 쓰면 인생이 확장되고 멋진 인생이 펼쳐진다."라고 말한다.

나는 직장생활을 하고 있는 여러분에게 책을 써서 1인 기업가를 준비하라고 조언하고 싶다. 책을 쓰게 되면 독자가 확보되고 대중적 인지도가 상승하게 된다. 그리하여 브랜드 가치 제고라는 선순환을 통해 여러 개의 수입 파이프라인이 생겨난다. 지금 억대 수입을 올리며 잘나가는 강사들은 하나같이 자신의 이름이 박힌 책을 쓴 사람들이다.

나는 직업의 특성상 다양한 강사들을 만난다. 그들 가운데 한 시간 강연료가 1,000만 원가량인 강사들도 있고 10~30만 원 받고 다니는 사람들도 있다. 이처럼 하늘과 땅 차이로 강연료가 나뉘는 이유는 무엇일까? 그 답은 바로 책을 써서 1인 기업을 설립했느냐에 있다. 아무리 말을 잘해도 저서가 없다면 보따리 강사에 지나지 않는다. 그리고 책을 출간하더라도 자신의 이름이 들어간 1인 기업이나 1인 연구소를 설립해야 한다. 그래야 외부에서 강연 요청을 하거나 코칭, 컨설팅을 의뢰할 때 몸값을 높게 책정해 준다. 강의나 코칭, 컨설팅 요청을 하는 기업이나 기관, 단체, 개인은 대부분 저서와 운영하고 있는 1인 기업을 살펴보고 의뢰하기 때문이다.

나는 앞으로 1,000명의 1인 기업가를 배출하겠다는 소망을 가지고 있다. 현재까지 수백 명의 1인 기업가들을 배출했다. 이들은 자신의 인생 경험과 깨달음, 비법이 담긴 책을 펴내고 1인 기업을 운영하고 있다. 자신이 가진 경험과 깨달음, 비결을 책으로 펴내 사람들이 더 나은 삶을 살 수 있도록 돕는 1인 기업가의 삶은 너무나 고귀하고 소중하다. 오죽했으면 예수님과 부처님 역시 이와 같은 삶을 살았을까. 지적 자산을 전달해 주고 그에 대한 대가로 비용을 받는 1인 기업가들은 하루가 다르게 성장하는 인생을 살게 된다.

현재 1인 기업가가 되고자 하는 이들이 수없이 많다. 그들에게 해 주고 싶은 말은 가장 먼저 저서를 펴내라는 것이다. 책을 써야 그동안 살아온 과거를 정리할 수 있고 어떤 현재를 살고 있는지, 앞으로 어떤 미래를 만들어 갈 것인지 구체적으로 떠오르기 때문이다. 《기획 천재가 된 홍대리》의 저자 하우석 교수 또한 책 쓰기를 통해 인생을 바꾼 주인공이다. 책 쓰기를 통해 그의 인생이 어떻게 달라졌을까? 인터넷 신문 〈브레이크뉴스〉의 조영관 박사와의 인터뷰에서 그는 이렇게 말했다.

"책을 쓰는 것은 저에게 큰 도전이었고, 또 동시에 환희였습니다. 이름이 박힌 책을 가졌다는 것만으로도 그렇지만, 그 무엇보다 큰 기쁨은 독자와의 교감에 있었습니다. 제 생각을 독자와 나눌 수 있다는 것은 막연한 기대 이상으로 벅찬 감동을 주었습니다. 더불어, 책이 인연이 되어 수많은 사람들과 강연장에서 만날 수 있었습니다. 전국에서 강의 요청이 쇄도했죠. 강연 일정만 따로 적는 스케줄 노트를 마련해야 할 정도였으니까요."

책을 펴내게 되면 인생은 깜짝 놀랄 정도로 달라진다. 사람들에게 인정과 존경을 받게 될 뿐 아니라 자신의 천직을 찾게 된다. 이는 책을 써 본 사람만이 경험할 수 있는 마법과 같은 일이다. 그래서 책을 쓰는 일을 인생 최고의 자기계발이자 자기혁명이라고 하는 것이다.

나는 이 책을 읽는 사람들에게 한 번뿐인 인생, 최고로 살아보라고 말하고 싶다. 그러기 위해서는 반 평 남짓한 책상 공간에 갇혀 있지 말고 자신이 가진 지적 자산을 토대로 책을 펴내 1인 기업을 설립해야 한다. 혼자 준비하기 힘들다면 내가 운영하고 있는 〈한국 책쓰기 성공학 코칭협회(이하 한책협)〉에 가입하면 된다. 이곳에서는 현재 12,000명의 사람들이 작가, 코치, 강연가, 1인 기업가로서의 삶을 준비하고 있다. 나와 〈한책협〉을 만나 월 200만 원 받는 직장인에서 월 수천만 원을 버는 1인 기업가가 된 이들이 많다. 한 달에 2회 진행하는 〈1일 특강〉에 참여하면 앞서 길을 간 선배 1인 기업가들과 소통하는 경험을 할 수도 있다.

마지막으로 나는 당신이 지금보다 충분히 더 나아질 것이라고 의심치 않는다. 그런 당신을 목숨 걸고 돕고 싶다.

나만의 색깔로
강연하는 강연가 되기

진찬란

세일즈 코치, 자기계발 작가, 동기부여가
세일즈를 통해 자신을 변화시킨 비법과 마인드 컨트롤 방법을 공유하며 사람들에게 동기부여하고 있다. 그 과정에서 얻은 깨달음을 바탕으로 '자존감수업'과 '세일즈 스킬수업' 양성 교육과정을 열었다. 저서로는 《버킷리스트8》, 《또라이들의 전성시대》 등이 있으며, 현재 '마케팅 세일즈'에 관한 개인저서를 집필 중이다.

E-mail sohappy1314@naver.com   **Blog** http://blog.naver.com/sohappy1314

일본 강점기의 마지막 기생들을 다룬 영화 〈해어화〉에서 연희는 친구 소율을 따라갔다가 우연한 기회에 가수가 된다. 그러다가 어떤 계기로 인해 노래를 못하게 되자, 친구에게 이렇게 말한다. "나, 노래가 너무 하고 싶어." 그러고는 일본 술집에서 노래를 부른다. 나는 그때 이 장면을 보면서 의아했다. '노래를 부르고 싶으면 집에서 혼자 흥얼거리면 되지, 굳이 일본사람들 앞에서, 그것도 술집에서 노래를 불러야 하나?'라는 생각이 들었기 때문이다. 하지만 그로부터 몇 달 후, 나는 연희의 마음을 이해하게 되었다.

나의 꿈은 강사다. 말하는 것을 즐겨했고, 무엇보다 사람들 앞에서 말하는 것이 좋았다. 학교든 교회든 사람들 앞에서 말할 수 있는 기회가 있으면 나서서 받아들였다. 하지만 나에게는 결정적인 문제가 있었다. 바로 완벽주의를 꿈꾼다는 것이었다.

"안녕하세요, 진찬란입니다." 이렇게 첫 인사를 하는 순간부터 "감사합니다."라고 마지막 인사를 하는 순간까지 모든 사람들이 나에게 집중하기를 원했다. 한 사람에게서라도, 한순간이라도 집중받지 못한다면 아예 무대 위에 올라가기를 거부했다. 그래서 사람들이 한 시간 동안 오롯이 나에게만 집중할 수 있도록 무대 아래에서의 노력도 게을리하지 않았다. 스피치 학원에 가서 발성 연습을 하고 무대 매너를 배웠다. 책도 꾸준히 읽었다. 하지만 이내 여러 가지 유혹에 빠졌다. 강사로서 받는 월급보다 세일즈를 하면서 얻는 많은 수당이 좋았다. 또한 굵고 풍부한 소리를 내기 위해서 스피치 학원에 등록해 발성 연습을 했지만, 노래방에서 밤새도록 놀고 다음 날 목소리가 쉬어서 말을 못한 적도 있다.

이전의 나는 기회를 발로 차는 사람이었다. 지난 5년간 보험회사에서 근무하면서 제안받았던 강사 자리들을 단순히 월급이 적다는 이유로 발로 차 버렸다. 한마디로 나는 꿈보다 돈이 더 고픈 사람이었다.

"찬란아, 육성센터에 공석이 생겼다. 네가 원하면 너를 추천하고 싶어. 먼저 너에게 물어보는 거야. 처음 월급은 250만 원이고, 매년

20만 원씩 올라 최고는 310만 원이야. 오후 4시까지 말해 줘."

"아니요. 지금 말할게요. 싫어요. 제가 겨우 그 돈 벌려고 여기 있는 줄 아세요? 필요 없어요!"

"찬란아, 교육실장은 네 꿈이었잖아."

"…"

지점장의 제안을 멋지게 차 버린 뒤에도 후회는 없었다. 4대 보험과 고정급이 보장되는 교육실장보다 훨씬 더 많은 돈을 벌고 있었고, 누구의 지시도 간섭도 받지 않는 자영업자로 살아가는 데 익숙했기 때문이었다. 그러던 와중에 〈한책협〉의 김태광 코치가 함께 일해 보자는 제안을 해 왔다. 직원으로서 함께 일하며 내가 가진 노하우에 대해 강의하자는 것이었다. 나는 이번에도 1초의 망설임 없이 대답했다. 하지만 그 대답은 지점장님에게 한 것과는 반대였다. 바로 "Yes!"였다. 월급은 보험설계사 시절이나 사내 교육 강사보다 적었지만 꿈을 먹고 살 수 있을 것 같았다. 더군다나 김태광 코치는 나에게 책 쓰기를 가르쳐 준 선생님이었기에 쉽게 응했다.

개구리는 더 멀리 뛰기 위해 잠시 움츠린다. 그리고 더 높이 뛰어오른다. 처음에는 조직생활보다 혼자서만 잘하면 되는 세일즈를 오래한 이력 때문에 결제받고 보고받아야 하는 상황이 자유를 앗아 간 듯 나를 옭아매는 기분이었다. 하지만 한 달에 한 번 강의하는 그 시간만큼은 그 어떤 때보다 행복했다. '아, 말을 하는 강연가가 오히려 청중에게서 에너지를 받는다는 것이 이런 것이구나'라고 느꼈다. 열정적으로 강의하느라 한 시간도 채 안 돼 목이 쉬어 버렸지만, 사람들이 내 표정, 내 말, 내 손짓 하나에도 웃으며 집중하는 그 시간이 너무나 행복했다. 이 순간이 영원히 끝나지 않기를 바랐다. 이렇게 즐거운 일이라면 하루에 10시간도 할 수 있을 것 같았다. '주목받는 삶이란 이런 것이구나'라는 것을 느꼈다. 누가 나에게 이제껏 살아온 30여 년 중 가장 행복했던 때가 언제였냐고 물으면 나는 강의했던 순간이라고 말할 것이다.

하지만 신의 장난이었을까. 그 열정적이었던 강의를 끝으로 나는 강의를 잠시 쉬게 되었다. 회사 내의 강의 콘텐츠 변경으로 강의를 할 수 없게 되었던 것이다. 갑자기 주마등처럼 나의 과거가 스쳐 지나갔다. 기회가 기회인지 모르고 지나쳤던 순간들… 이미 지나가 버린 버스라도 잡고 싶은 마음이 강하게 들었다. 그때 김태광 코치가 나에게 말했다. "미안하다, 진찬란." 사실 강의 콘텐츠라는 것은 언제든지 바뀔 수 있다. 시대가 원하는 콘텐츠가 있기 때문이다. 트렌드에 맞지 않는다면 쳐 낼 수도 있어야 한다. 김태광 코치의 '미안하다'는 말 그리고 그에게 배웠던 성공 철학이 나를 아직도 이 자리에 있게 했다.

흔히 실패하는 사람들은 일시적인 패배와 완전한 실패를 구분하지 못한다. 꿈을 이루는 데 있어 장애물이란, 진짜 원하는 사람과 표면적으로만 원하는 사람을 구별하기 위해 존재한다. 성공은 능력이 뛰어난 사람이 아니라 성공에 대한 열망의 크기가 큰 사람이 쟁취하는 것이다. 그런 깨달음이 나를 성장시켰다. 그리고 곰곰이 생각해 보니 그것은 나의 콘텐츠가 아니었다. 대표님의 콘텐츠였다.

사람들은 갖고 있던 것을 잃은 다음에야 그것을 얼마나 좋아했는지 깨닫는다. 내가 얼마나 무대를 동경했는지 알게 되었다. 무대 위에서 모든 열정을 쏟아 내는 강연가가 되고 싶다. 예전의 나는 능력이 뛰어난 사람만 성공한다고 착각했다. 그래서 나보다 조금이라도 능력이나 재능이 떨어지는 사람을 보면 괜히 으스대며 잘난 척을 했다. 그리고 나보다 나은 사람 앞에 서면 괜히 주눅이 들었다.

하지만 지금은 다르다. 나는 이제 기회가 주어지기만을 기다린다거나, 다가오는 기회를 발로 차 버리는 사람이 아니라 기회가 없으면 만드는 사람이다. 나는 내 인생의 기회에 씨를 뿌리고 자라나게 하는 사람이다. 이렇게 일시적인 패배와 진짜 패배를 구분하자, 곧 기회가 다가왔다. 아니, 기회를 만들었다는 말이 맞겠다.

출판사 〈위닝북스〉에서는 저자들을 대상으로 강연가로서의 삶도 살 수 있도록 저자강연회를 열어 준다. 마침 그 자리에 공석이 생겼다. 나는 출판사의 대표이사님께 전화를 걸어 저자강연회의 사회를 내가 보겠다고 했다. 어떻게 보면 사회자는 주인공을 소개해 주는 들러리라고 생각할 수도 있다. 하지만 나는 나에게 유리하게 의미를 부여했다. '과연 어떤 사람이 매달 100여 명의 군중들 앞에 설 수 있을까.' 더군다나 사회자는 때로는 떨고 있는 강연가를 위해 유머러스하게 분위기를 띄울 수 있어야 하고, 돌발 상황에도 유연하게 대처해야 하기 때문에 순발력도 쌓을 수 있다고 생각했다.

그렇게 기회와 운을 잡아 온 나는 지금은 또 다른 기회를 잡고자 고군분투하고 있다. 여느 사내강사들과 같이 앵무새처럼 회사가 원하는 말만 하는 게 아니라 내 스토리를 진하게 담은 책을 써서 내 이야기와 함께 내가 가진 노하우를 전달하려는 것이다. 그러기 위해 마지막까지 내 저서를 다듬고 있다. 내 저서가 나오면 또 기회를 만들어 나만의 프로그램을 짤 것이다.

과연 어떤 사람들이 성공할까. 능력이 뛰어난 사람? 묵묵히 일하는 사람? 아니다. 성공에 대한 강한 열망을 가진 사람만이 성공한다. 나는 이제 예전에 봤던 그 영화 대사를 가슴으로 이해하게 되었다.

"나 강의가 너무 하고 싶어."

지금 당장
행복해지기
—
주유희

책 쓰는 회사원, 크리에이터, 긍정 메신저
공기업에서 10년째 근무 중이다. 작은 일상에도 긍정적인 의미를 부여하고 항상 "좋은 일이
생깁니다!"라고 외치는 드림워커로서 마음의 소리를 놓치지 않고 생각하는 대로 살아가기를
실천하고 있다. 현재 긍정적으로 살아가는 실천론적인 방법들에 대한 자세한 이야기를 다룬
저서와 강연, 코칭 프로그램을 기획 중이다. 저서로 《버킷리스트7》, 《미래일기》, 《또라이들의
전성시대》, 《되고 싶고 하고 싶고 갖고 싶은 47가지》가 있다.

E-mail surimaasuri@naver.com　　　**Blog** http://blog.naver.com/surimaasuri

　　얼마 전 부부 동반 모임에 나갔을 때의 일이다. 식사 후 이런
저런 담소를 나누다가 창업에 대한 이야기로 이어졌다. 누군가의
입에서 "회사만 다닐 것이 아니라 미래를 위해서는 사업을 해야
하는데… 휴~"라는 한숨 섞인 목소리가 흘러나오자 너 나 할 것
없이 맞장구를 치며 한마디씩 거들었다. 한 커플은 부인의 평소의
운빨 운운하더니 사주를 봤는데 역시나 사업을 하는 것이 좋다
는 점괘가 나왔다고 했다. 하지만 무슨 사업을 해야 할지 모르겠
다고 했다. 다른 한 커플은 품질 좋은 생활필수품을 직접 사들여
조합원들에게 저렴하게 제공하는 생활협동조합 형태의 사업을 해
보는 것이 어떨까 생각해 봤으나 자본금이 턱없이 부족하다며 직

장인들에게 사업은 꿈같은 일이라고 말했다.

그 이야기를 듣고만 있으려니 답답했다. 사업을 위해 여러 방안을 모색해 보는 것은 좋지만 대부분 돈을 벌기 위한 수단으로만 생각하고 있는 것 같았다. 지금 당장 거창하지는 않더라도 평소 자신이 좋아하고 꿈꾸며 바라던 일에 생각의 뿌리를 둔다면 조금 더 접근하기 쉬울 텐데 하는 아쉬움이 들었다.

나는 평소 닉네임으로 '좋은 일이 생깁니다'를 즐겨 쓴다. 작은 일상에도 의미를 부여하고 항상 "좋은 일이 생깁니다."라고 말하면서 마음의 소리를 놓치지 않고, 생각하는 대로 살아가기를 실천하고 있다. 그리고 누군가 "무슨 일 하세요?", "직업이 뭐예요?"라고 물어 오면 '책 쓰는 회사원'이라고 소개한다. 회사를 다니면서 《버킷리스트7》, 《또라이들의 전성시대》, 《미래일기》, 《되고 싶고 하고 싶고 갖고 싶은 47가지》 등 총 4권의 공저를 쓴 작가로서의 삶을 살고 있는 나는 책을 통해서 크리에이터로서의 길을 걸어가고 싶다. 책을 쓰고 내가 쓴 책의 콘텐츠를 여러 방법으로 기획하고 진행하는 크리에이터가 되고 싶다. 일상에서 얻은 작은 아이디어 하나도 놓치지 않고 스토리로 만들어 책으로 펴낼 것이고 책을 펴낸 뒤에는 책 속의 콘텐츠를 활용해 동기부여가, 평생교육프로그램 기획전문가로서 살아갈 것이다.

세계 최대 출판사 엘스비어의 지영석 회장이 한 인터뷰에서

"무엇보다 중요한 것은 자기 보이스(voice)를 가지고 있는 것이다."
라고 말한 것처럼 자신만의 스토리가 최고의 가치를 가질 수 있
는 시대다. 나를 위해 가장 나답게 살아 보는 것, 내가 가진 것을
나누어 주는 일이 최고의 사업이 될 수 있다.

　회사에서 일하다 보면 동료들의 한숨 섞인 이야기를 많이 듣
게 된다. 평소 같았으면 웃으면서 넘겨듣고 말았을 것이지만 한 선
배의 "내 평생 걱정거리의 절반은 회사 업무에 대한 것이었어. 내
인생 하나도 제대로 설계 못하는데…."라는 푸념은 웃으며 흘려듣
고 말기에는 무척이나 씁쓸했다.

　〈청춘페스티벌〉에서 들었던, 김어준이 스물다섯 살 때 파리로
배낭여행을 다녀온 이야기가 떠올랐다. 그는 파리의 대로를 거닐
다가 마네킹이 입고 있는 양복이 너무 멋있어서 자신도 모르게
양복점 안으로 들어가 그 양복을 입어 보게 되었다고 한다. 거울
에 비친, 양복 입은 자신의 모습이 너무 멋졌고 120,000원이라는
가격을 보고 당장 양복을 사서 입고 나가기로 마음먹었는데 다시
보니 가격표에 0이 하나 더 붙어 있어 고민했던 당시를 자세히 이
야기해 줬다. 1,200,000원을 가지고 두 달간 떠났던 여행의 초반
이었다. 여행경비를 매일 계획적으로 잘 소비해 얻는 안도감이나,
10년 뒤 다시 파리로 날아와 멋진 양복을 샀을 때의 행복감이 지
금 당장 양복을 사서 입을 때의 행복보다 크지 않을 것 같아 고

민 끝에 양복을 샀다고 말했다. 물론 그 뒤로는 파리의 공원에서 노숙을 하며 지냈지만, 며칠 지나지 않아 일거리를 찾게 되었고 여행을 마치고 한국으로 돌아올 때는 수중에 1,000만 원이라는 돈이 남아 있었다고 한다. 그는 이 모든 것은 멋진 양복을 입고 있었기 때문에 가능했던 일이라고 말했다. 하지만 멋진 양복보다 그것을 사 입을 수 있었던 용기, 자신이 하고 싶은 일을 선택할 수 있었던 용기와 추진력이 큰 원동력이 되었을 것이라고 생각한다.

지금 당장 행복해질 수 있는 용기는 나를 자각하고 자존감을 높이는 것에서부터 시작한다. 우리는 우리가 살아 있음을 얼마나 느끼며 살고 있을까? 내가 존재함을 느껴야 나를 존중할 수 있다. 지금 당장의 행복이 성공을 보장할 수는 없지만 삶이 풍요로워질 것은 분명하다. 지금 당장의 행복을 선택하고 살아간다면 온라인에 떠도는, '은퇴한 선배들이 해 주는 조언 열 가지'와 같은 글들을 애써 찾아 읽어 보지 않아도 될 것이다.

바쁜 직장인들에게 하루 일과를 물어보면 "회사에서 정신없이 일하며 바쁘게 지내느라 몸과 마음이 지쳐요. 그래도 퇴근하고 집에서 예쁜 아이들 보면서 그날 힘들었던 세상 시름 잊어요."라고 말한다. 우리 회사 과장님도 매일 이 같은 말씀을 하신다. 하지만 육아를 경험해 본 사람이라면 아이 보는 것이 얼마나 힘든 일인지 알 것이다. 그 힘든 일을 통해서 세상 시름을 잊고 산다니….

현대인들이 자신을 돌아볼 겨를 없이 얼마나 바쁘게 움직이며 힘들게 하루하루를 보내고 있는지 대변해 준다.

이럴수록 자신만의 시간이 필요하다. 스스로의 생각과 느낌을 관찰할 시간이 절실하다. 나는 글을 쓰면서 나만의 시간을 가지기 시작했다. 처음에는 그저 육아에서 벗어나 쉬고 싶다는 마음으로 시작했다. 하지만 단순한 휴식이 취미로 바뀌었고, 어느새 꿈이 되었다. 글쓰기를 통해 내면을 더 깊이 있게 바라볼 수 있게 되었다. 생각과 느낌을 정리하면서 내 존재를 자각하고 느꼈다. 매일 조금씩 써 나간 글들이 모여 한 권의 책으로 태어나고, 한 권의 책이 두 권, 세 권으로 늘어나는 모습을 보면서 하루하루가 엄청난 힘을 가지고 있음을 새삼 느꼈다. 나는 책 쓰는 회사원으로서 그리고 작가 엄마로서 행복한 시간을 보내고 있다.

지금 당장 행복해지기 위해 꼭 무엇을 해야 하는 것은 아니다. 정신의학과 교수들이 말하는 것처럼 무엇인가를 잘해야 한다는 강박관념에서 벗어나기 위해 멍 때리는 시간을 가지는 것도 좋은 방법이다. 우리는 한 번도 살아 보지 않은 오늘을 산다는 점에서 모두 똑같다. 단지 그 속에서 나만의 리듬을 찾고, 잃지 않는 것이 중요하다. 다른 사람들의 이야기만 계속 듣다 보면 내 안의 목소리를 놓치기 쉽다. 내 안의 목소리, 나만의 리듬을 찾고 지금 당장 행복해지자.

최고의
마케터 되기
—
이수형

㈜온리원 커뮤니케이션 본부장, 마케터, 크리에이터, 트렌드 분석 전문가, 데이터 분석 전문가
SNS 마케팅 전문 광고회사 본부장으로, 팔로워 230만 명을 보유한 SNS 채널을 운영 중이다.
국내 유수 대기업의 광고 콘텐츠를 맡아서 제작했으며, 소상공인, 프리랜서, 직장인, 학생들을
위한 마케팅 강의도 진행하고 있다. 최고의 글로벌 마케터가 되기 위해 끊임없이 도전하고 있다.

E-mail suhyung8626@nate.com　　　　**Homepage** www.prpr.co.kr

"생각대로 살지 않으면 사는 대로 생각하게 된다."

이 글은 내가 어디서 처음 봤는지 기억은 잘 나지 않지만 지금
까지 내 머릿속에 남아 있을 정도로 나에게 큰 감명을 주었다.

어렸을 적 나는 공부보다 친구들과 함께 어울려 노는 것을 더
좋아했다. 성적은 물론, 딱히 꿈도 없이 하루하루를 보내며, 중학
교 시절엔 이른바 일진이라 불리는 친구들 무리에 섞여 담배, 술,
절도 등 결코 해서는 안 되는 행동들을 서슴없이 저질렀다. 중학
교를 졸업하고 고등학교에 입학할 때쯤, 공고 입학을 원하셨던 부

모님과 미용고 입학을 원하던 나 사이에 충돌이 생겼다. 결국 부모님의 끈질긴 설득을 받아들여 어쩔 수 없이 나는 공고에 입학했다. 그러나 다닌 지 두 달도 지나지 않아 자퇴서를 제출하고, 1년 뒤 미용고에 입학했다. 남들은 고등학교를 3년 다니지만 난 4년을 다닌 셈이다. 내가 굳이 미용고에 입학하려고 했던 이유는 단 한 가지, 두발자유 때문이었다. 지금 생각해 보면 정말 철이 없었다.

그렇게 고등학교 3년을 허송세월한 후 부모님과 나 사이에는 대학 입학을 두고 또 한 번 충돌이 생겼다. 부모님은 전문대라도 졸업하기를 원하셨지만 나는 아니었다. 대학을 왜 가야 하는지 이해하지 못했기 때문이다. 하지만 이번에도 나는 부모님의 설득에 이끌려 대학에 입학해야만 했다. 결과는 씁쓸했다. 다닌 지 6개월 만에 자퇴서를 제출했다. 나에게 남은 것이라고는 학자금 대출이라는 원치 않는 빚뿐이었다.

대학이라는 족쇄에서 풀려난 나는 그때부터 미친 듯이 놀기 시작했다. 친구들과 밤새워 술을 마셨고, PC방에서 잠을 잤으며, 낮과 밤이 바뀌어 그야말로 폐인이 따로 없었다.

그러던 어느 날, 작은 시련이 찾아왔다. 그것은 다름 아닌 군 입대였다. 대한민국 남자라면 꼭 겪어야 할 시간이었지만 나는 생각이 조금 달랐다. 어차피 나라를 위해 희생해야 하는 시간이니 현역보다는 자격증을 취득해 방위산업체에서 군 생활을 보내고 싶었다. 나는 자격증을 취득하기 위해 1년 동안 직업전문학교를 다녔다. 운이 좋게도 한 번에 합격했다. 태어나서 처음으로 취득한 자격증이었다. 그러나 나는 이 자격증을 제대로 활용해 보지도 못하고 군에 입대해야만 했다. 군대에 가야 철이 들 거라 생각하셨던 어머니께서 나 몰래 현역 입대를 신청했기 때문이다.

제대하고 나니 스물다섯 살이었다. 나는 고향인 부산을 떠나 서울에 있는 웹게임 개발 회사에 입사하게 되었다. 나의 첫 사회생활이었다. 평소 게임을 좋아하는 나를 잘 알고 있던 매형이 특별히 소개해 준 회사였다. 무조건 열심히 배워야겠다는 생각만 머릿속에 가득했다.

하지만 현실은 내가 생각했던 것과는 많이 달랐다. 게임운영에 대한 지식도 전혀 없고, 사회생활도 처음이라 너무 힘들었다. 물론, 이와 같은 과정은 누구나 다 겪는다. 하지만 나는 견딜 수 없었고, 일에 대한 열정도 없었다. 결국 입사한 지 7개월 만에 사직서를 제출하고 다시 부산으로 돌아갔다.

다시 일을 해야겠다는 생각도 없이 무기력한 하루하루를 보내고 있을 때 평소 친하게 지내던 동생에게서 전화가 왔다. 자신이 일하고 있는 공장에 자리가 있는데 혹시 일할 생각이 있느냐고 물어보는 것이었다. 공장에 대한 평소의 선입견 때문에 고민을 조금 했지만 결국 며칠 뒤 면접에 합격해 생산팀으로 출근하게 되었다.

주야 2교대로 돌아가는 자동차 부품 생산 공장에서 나는 제품을 포장하는 업무를 맡았다. 주야 2교대는 생각했던 것보다 꽤 힘들었다. 하지만 나는 점차 적응했고, 기술을 터득한 순간부터는 재미도 있었다. 그러나 입사한 지 1년이 조금 지났을 때, 마음이 조금씩 바뀌기 시작했다. 적당한 월급에 좋은 사람들과 일한다는 것이 누군가에겐 꿈이 될 수도 있지만 나는 달랐다. 가장 중요한 미래가 보이지 않았던 것이다. 나는 이 일을 좋아서 하고 있는 것이 아니라 매달 지급되는 적당한 월급에 나 자신을 맞추며 살고 있다는 것을 깨달았다. 한 달 뒤 나는 공장을 퇴사하고, 또다시 백수로 돌아갔다.

하루 종일 집구석에 처박혀서 게임을 하거나, 밤이 되면 술을 먹고, 누워서 천장을 보는 것이 하나의 일상이 되었을 무렵, 뜬금없이 친누나에게서 연락이 왔다. 내용은 정말 뜻밖이었다. 마케팅에 대해 아는 것이 아무것도 없는 나에게 마케팅 사업을 제안한 것이다. 마케팅이 무엇인지 궁금하기도 하고, 왠지 재미있을 것 같다는 생각도 들어 별 고민 없이 시작해 보기로 했다.

기대 반 걱정 반으로 시작했던 일은 생각보다 너무 재미있었고, 나는 블로그, 카페, 페이스북, 인스타그램과 같은 다양한 SNS 채널을 분석하고 연구하면서 하루하루를 보냈다. 힘들기도 했지만 새로운 것을 배워 나갈 수 있음에 행복했다. 고비도 많았지만 나는 결코 포기하지 않았다. 이 일이 나와 너무도 잘 맞았기 때문이다. 무엇보다 마케터로 꼭 성공할 수 있을 거라는 강한 확신이 들었다.

2년 동안 마케터로 일하면서 가장 좋았던 점은 일에 대한 즐거움과 열정을 느끼고 있다는 것이었다. 예전에는 절대 느낄 수 없었던 감정이다. 왜 많은 사람들이 꿈을 향해 전진하고, 또 자신이 좋아하는 일을 찾아 헤매는지, 직접 겪어 보고 나서야 알게 되었다. 그 이후로 나는 매일 아침 눈을 뜨면 나 자신에게 질문한다. '지금 내가 하고 있는 일이 정말 좋은가?' 대답은 항상 'Yes'다. 단 한 번도 대답을 망설인 적이 없다.

내가 직접 제작한 콘텐츠가 광고주뿐만 아니라 SNS 채널 유저들에게도 인정받을 때의 희열은 말로 표현할 수가 없다. 광고주의 매출 상승이 곧 나의 행복이다. 그 덕분에 지금의 나는 예전에 다녔던 직장에서의 수입보다 몇 배는 더 벌면서 가슴을 뛰게 만드는 꿈을 품고 하루하루 살고 있다. 그 꿈은 최고의 마케터가 되는 것과 많은 사람들에게 동기를 부여해 주는 강연가로서의 삶을 사는 것이다. 아무런 꿈 없이 방황했던 많은 날들이 있었지만 요즘 나는 하루하루가 정말 행복하다. 아무리 힘든 순간들이 찾아와도 절대 포기하지 않고 끝까지 해낼 것이다. 나는 내 꿈들을 다 이룰 것임을 굳게 믿는다.

기회를
내 손으로 만들기
이장희

SNS 마케터, 크리에이터, 데이터 분석 전문가, 자기계발 작가
개인 페이스북 팔로워 10만 명이 넘는 크리에이터로서, 사람들의 공감을 이끌어내는 글과 영
상 등으로 늘 이슈를 만들어 낸다. 현재 SNS 마케팅 전문 광고 회사 매니저로 일하며 팔로워
230만 명을 보유하고 있는 SNS 채널을 운영하고 있다.

Facebook www.facebook.com/heezme

"이력이 없는 게 제 이력입니다."

남들보다 늦게 갔던 군대에서 막 전역한 스물다섯 살, 내 인생 첫 이력서에 적었던 말이다. 그도 그럴 것이 나는 정말 이력다운 이력이 없었다. 스물한 살 때 세상을 경험하는 것이 더 큰 공부가 될 거라며 다니던 대학은 중퇴했고 가지고 있던 자격증은 달랑 운전면허 하나였다. 해 봤던 일이라고는 고작 카페 아르바이트 3개월이 전부였다. 누가 봐도 서류심사에서 떨어질 게 뻔해 보이는 초라한 이력서였다. 아버지는 어떻게든 취업하려면 당장 자격증이라도 준비하라고 하셨지만 난 떨어져 보는 것도 좋은 경험이 될 거

란 생각으로 곧장 취업에 도전했다. 지원한 회사는 SNS 마케팅을 하는 곳이었다. 나는 초라한 이력서와 함께 그간 내가 겪었던 경험들을 적어 냈다. 물론 예상했던 일이었지만 연락은 오지 않았다. '혹시나' 하는 마음으로 시작했던 도전은 '역시나'로 끝이 나는 듯했다.

그런데 이력서를 넣었다는 사실조차 잊어 갈 즈음 한 통의 전화가 걸려 왔다. 짧은 통화였다. 그렇게 나는 전화를 끊자마자 천장을 향해 있는 힘껏 소리를 내지르고는 내 인생의 첫 면접을 준비하기 시작했다.

"사실 저희는 경력자가 필요해요. 그래서 신입 지원자들은 서류심사에서 전부 제외했는데 장희 씨는 이력서가 심상치 않더라고요. 그래서 한번 뵙고 싶었습니다."

자리에 앉자마자 면접관이 내게 건넨 말이었다. 그 말을 듣는 순간 '그래도 가능성이 있구나'라고 생각했다. 하지만 면접이 끝나갈 무렵 그 생각은 '그래, 여기까지구나'로 바뀌어 있었다. 긴장한 탓에 말을 하면서도 내가 지금 무슨 말을 하고 있는지 알 수 없었다. 그렇게 머리를 거치지 않고 입으로만 대답했던 면접이 끝나고 집으로 돌아가던 길, 아쉽지만 정말 좋은 경험이었다며 나 자신을 위로했다. 그런데 기적은 또 한 번 일어났다. 며칠 뒤 회사로부터 연락이 온 것이다.

"축하합니다. 최종 합격하셨습니다."

내가 고등학교에 입학할 당시, 인터넷은 UCC 열풍으로 뜨거웠다. 사람들은 직접 만든 영상을 유튜브나 당시 우리나라 SNS 시장을 꽉 잡고 있던 싸이월드를 통해 공유하기 시작했다. 손쉽게 촬영하고 편집한 영상 하나로 연예인 못지않은 인기를 누리는 사람들도 생겨났다. 무척 매력적이었다. 그러던 어느 날 '나도 할 수 있지 않을까'라는 생각이 문득 들었다. 이 생각을 친구 녀석에게 말하니 돌아오는 대답은 '미친놈'이었다. 하긴 하루에 셀 수 없이 올라오는 영상 중에서 이슈가 될 만한 콘텐츠를 만든다는 게 쉬운 일은 아니었다.

하지만 다음 날 나는 그 미친놈이 되기로 마음먹었다. 친구에게 카메라 하나를 쥐어 주고는 온 동네를 돌아다니며 영상을 찍었다. 그런데 막상 찍고 나니 영상을 편집하는 방법을 몰랐다. 말 그대로 맨땅에 헤딩이었다. 기획, 촬영, 편집까지 무작정 부닥쳐 보고 모르는 건 그때그때 하나씩 배워 나갔다. 그리고 얼마 뒤 내 영상은 싸이월드를 서비스하던 네이트 메인 페이지에 '화제의 동영상 1위'로 올라갔다.

카페 아르바이트를 하며 입대를 기다리던 스물세 살, 영원할 것만 같았던 싸이월드가 저물고 전 세계 SNS 시장은 트위터와 페이스북이 장악했다. 당시 페이스북에선 카메라 각도에 따라 못생김과 잘생김을 넘나들며 반전의 재미를 주는 영상, 일명 '각도의 중요성'이라는 놀이가 유행하고 있었다. 어느 날 편의점에 앉아 친구를 기다리던 나는 무료함과 씨름하다 이 놀이에 동참하게 된다. 물론 그 영상이 내 삶을 바꿔 놓을 줄은 꿈에도 몰랐다. 자고 일어나 휴대전화로 페이스북을 확인해 보니 수천 개의 친구 요청과 메시지가 쌓여 있었다. 내가 올린 영상에 10만 명이 넘게 '좋아요'를 눌렀고, 얼마 뒤에는 공중파 TV에도 소개되는 영광을 누렸다.

나는 지금 팔로워 10만 명이 넘는 크리에이터로, 또 SNS 마케팅 회사에서 콘텐츠 기획자로 일하고 있다. 지금 생각해 보면 내 삶이 늘 준비된 삶은 아니었다. 하지만 나는 절대 가만있진 않았다. 실패를 두려워할 시간에 일단 움직였고, 기회를 기다릴 시간에 스스로 기회를 만들어 갔다. 미친놈이 되는 게 두려웠다면 평범한 고등학생, 망가지는 게 두려웠다면 평범한 청년, 떨어질 게 두려웠다면 여전히 백수로 살아가고 있을지도 모른다.

이런 내 삶을 옆에서 지켜본 친구들은 말한다. 너는 참 운이 좋다고. 나도 그 말을 부정하진 않는다. 하지만 복권도 1등이든 꽝이든 결국 복권을 구매한 사람의 몫이다. 무조건 1등에 당첨될 천운을 가졌다 한들 복권을 사지 않으면 아무 소용이 없다. 꽝이 될 확률이 크다는 것을 알면서도 결국 도전한 사람만이 1등에 당첨될 수 있다.

앞으로 내 삶에 또 수많은 도전과 선택의 기로가 펼쳐질 것이 분명하다. 하지만 나는 여전히 실패가 두렵지 않다. 실패할 때 실패하더라도 항상 움직이며 기회를 내 손으로 만들어 나갈 것이다. 지금까지 그래 왔듯이.

세상의 온도
1℃ 올리기

박성혜

'맘스리치연구소' 대표, 부자엄마 만들기 멘토, 소액부동산투자 전문가, 주거복지상담 전문가

당당한 엄마가 당당한 아이를 만든다는 모토로 '행복한 부자엄마 만들기' 코칭 및 컨설팅을 진행하고 있다. 결혼, 출산, 육아, 전세난을 거치며 경제적 어려움을 겪고 있는 이 시대의 모든 3040 엄마들의 '부자 멘토'로 활발히 활동하고 있다. 저서로는 《부모님에게 꼭 해드리고 싶은 39가지》, 《되고 싶고 갖고 하고 싶은 47가지》가 있으며, 현재 부동산 공부를 처음 시작하는 엄마들을 위한 실전지침서를 집필 중이다.

Email mamsrich@naver.com   **Blog** http://blog.naver.com/mamsrich

"고시원에서 아이를 낳게 생겼어요. 빨리 좀 와 주세요."

다급한 전화를 받고 고시원으로 달려갔더니 앳된 모습의 임산부가 만삭의 모습으로 앉아 있었다. 산모는 같은 고시원에서 만난 남자 친구의 아이를 임신하고 출산 예정일이 내일인데 갈 곳도, 아이를 낳을 곳도, 아이의 배냇저고리도 하나 없다며 눈물을 흘렸다. 남자 친구는 일용직 노무자인데 겨울이라 일거리가 없어 하루 끼니를 걱정해야 하는 상황이었다. 아이의 태명은 '봄이'라고 했다. 봄에 태어나는 사랑스런 아이가 갈 곳이 없어 이곳저곳을 떠돌 생각을 하니 너무나 안타까웠다.

봄이네 사연을 듣고 내가 살고 있는 아파트 인터넷 카페에 아기의 출산용품 후원을 요청하는 글을 올렸다. 금세 500점이 넘는 출산, 유아 용품이 모였다. 아이의 배냇저고리, 젖병, 분유, 유모차, 정성을 담은 손 편지와 일부러 구입해서 준비해 준 새 옷가지, 산모를 위한 미역도 있었다. 따뜻한 마음을 담아 고시원에 물건들을 전달했다. 그러나 고시원은 사람 한 명이 겨우 누울 수 있을 정도로 좁고 빛 또한 들어오지 않았다. 화장실도 공용으로 사용하는 곳이라 아이를 낳고 키울 수 없는 곳이었다.

산모는 아이를 낳으면 남자 친구와 헤어져 모자시설로 들어갈 예정이라고 했다. 그렇게 되면 온 가족이 다시 모이기 힘들 수 있다는 생각이 들었다. 행복한 가정을 만들어 주고 싶다는 마음에 어렵게 여러 곳에서 도움을 받아 반지하 단칸방을 얻을 수 있었다. 재활용센터에서 냉장고와 세탁기, 장롱과 침대를 후원해 주었고, 이불 집에서는 신혼이불 두 채를 선물해 주었다. 또한 동네 마트에서는 밥솥과 냄비, 가재도구를 마련해 주었다. 자원봉사 모임에서 대청소도 도와주었다. 방 천장에는 아이를 위한 형광 별 스티커까지 부착해 주었다. 여기저기서 후원의 손길이 끊이지 않았다. 며칠 후 목련이 피는 날, 봄이는 태어났다. 많은 이의 따뜻한 마음이 모여 화목한 가정을 이룰 수 있게 되었다.

나는 사회복지 공무원이다. 어렵고 소외된 사람들과 함께하며 그들이 자립할 수 있도록 돕는 사람이다. 복지 업무를 담당하며 행복이라는 것이 무엇인가를 고민하게 되었다. '소중한 사람들과 함께하며 소소한 기쁨을 맛보며 살아가는 것', 이 어렵지 않아 보이는 명제가 살아 보니 참 쉽지 않다는 것을 느낀다.

나는 사람들을 도우며 행복에 대해 고민하게 되었다. 그 고민은 자연히 부자가 되고 싶다는 마음으로 이어졌다. 누군가 100가지의 문제 중 99가지 문제의 해결책은 '돈'이라고 말했다. 실제로 폐지를 줍는 79세 어르신의 고민, 열심히 일하지만 가난에서 벗어나지 못하는 가족의 고민, 아이가 넷인 모자가족의 고민은 전부 돈에서 비롯된 것이었다. 돈 때문에 다투고 원망하고 이별한다. 돈이 행복의 전부는 아니지만 많은 부분을 차지한다는 것을 매일 느끼고 있다. 심청이도 공양미 300석 때문에 시퍼런 인당수에 몸을 던지지 않았던가.

"가정형편이 어려운 학생들에게 장학금을 지원하고 싶은데 대상자를 추천해 주세요."

나는 부자가 되고 싶어서 부자를 공부하던 중 부자 멘토를 만났다. 그리고 며칠 전 그녀에게서 연락이 왔다. 어려운 환경을 극복하고 자수성가한 그녀는 언제나 열정적으로 일하고, 일을 통해 큰 행복을 느낀다고 한다. 그녀는 수입의 10분의 1을 사회에 환원한다. 부동산 관련 기업을 운영하는 그녀가 그 많은 액수를 기부한다는 사실에 놀라지 않을 수 없었다. 사진동아리에서 활동하며 어르신들의 영정사진을 찍어 드리는 봉사도 하고 있다. 많은 이들이 그녀를 본받고 싶어 하는 데는 이러한 이유도 있었던 것이다.

"남을 돕는 일을 할 때가 제일 행복해요."

그녀의 말에 가슴이 뜨거워졌다. 사회복지사로서 나는 과연 진심으로 행복했는지, 돈을 벌기 위해 했던 많은 노력들이 본질적으로 나만의 행복을 위한 것은 아니었는지. 돈에 구애받지 않는 삶이 진정 행복한 삶이라고 믿었는데…. 많은 고민과 부끄러움이 마음을 가득 채울 때, 어떤 사건으로 인해 나는 새로운 꿈을 품게 되었다.

겨울 김장을 하는 날, 한 어르신이 보행보조기에 의존해 힘겹게 사무실에 들어오셨다. 걸음을 떼는 것도 힘겨워 보이는 할머니는 30년 전 이혼한 뒤 자녀들과도 연락이 두절되어 홀로 살고 계셨다. 거동이 어려우니 병원에도 혼자 갈 수 없고 장도 볼 수 없어 할 수 있는 것이 없으셨다. 요양시설에 입소하고 싶다는 의사를 밝히셔서 대리 신청을 하고 김치와 식료품, 방한용품을 챙겨 댁으로 모셔다 드렸다. 지하 단칸방에서 어르신의 고단한 삶의 흔적을 고스란히 느낄 수 있었다. 전기냄비에 묽게 끓인 미음이 담겨 있었다. 치아가 없으신 할머니의 세끼 식사거리였다. 냉장고에는 새우젓이 덩그러니 놓여 있었다.

행복의 문제를 넘어서 인간의 존엄성까지 생각하게 되는 순간이었다. 할머니는 귀도 어두우셔서 대화가 어려웠다. 내 입모양을 보며 겨우 대화 내용을 알아차리셨다. 연락처를 잘 보이는 곳에 부착하고 할머니를 꼭 안아 드린 후 발걸음을 돌렸다. 세상과 단절된 채 홀로 느꼈을 고독함을 생각하니 마음이 무거웠다.

이틀 뒤, 할머니가 집 앞에서 쓰러져 계신 것을 이웃에서 발견하고 병원으로 옮겼으나 돌아가셨다는 소식을 들었다. 겨울, 그 차가운 바닥에서 맞이한 할머니의 마지막이 자꾸 머릿속을 맴돌았다.

할머니의 안타까운 모습을 보며 내가 할 수 있는 일이 무엇인지를 고민하고 모델로 삼을 만한 사례를 찾기 시작했다. 그러고는 도서관에서 우연히 마주한 《사랑이 꽃피는 민들레 국수집》이라는 책에서 희망을 발견했다.

2004년에 문을 열어 지금까지 기적처럼 운영되고 있는, 노숙인을 위한 '민들레 국수집'에서는 매일 400~500명분의 식사를 대접하고 있다. 나눔과 행복이 함께하는 이상적인 이 작은 공간에서 많은 사람들이 희망을 품고 돌아가는 모습을 보며 내 꿈을 보다 구체화할 수 있었다.

세상에는 수많은 사람들이 살고 있다. 각자 살아온 스토리 또한 생긴 모습만큼이나 다양하다. 누구에게나 똑같은 일률적인 복지 서비스는 누구나 제공할 수 있는 서비스이며 만족도 또한 낮을 수밖에 없다. 나는 개인에게 딱 알맞는, 맞춤형 복지 서비스를 제공하는 '오클로스 복지센터'를 건립하고 싶다는 꿈이 생겼다. '오클로스'는 가난한 자, 소외된 무리를 뜻하는 단어다. 가난하고 소외된 이들을 위한 맞춤형 서비스를 제공하는 특화된 복지센터. 생각만으로도 가슴 벅찬 일이다. 내가 꿈꾸는 공간 또한 그 작은 국수집처럼 사랑과 온정이 가득한 곳이 될 것이다. 소외된 이들에게는 다시 꿈을 꾸게 하며, 후원하는 이들에게는 꿈을 이루게 하는 'sweet spot' 말이다. 이 달콤한 자리가 더 많은 사람들에게 선한 영향력을 미친다면 세상의 온도는 1℃쯤 올라가지 않을까?

스피치의 달인 되기

김영숙

공무원, '아이행복연구소' 소장, 자기계발 작가, 동기부여가, 덧셈육아 코치
엄마 경력 8년 차로 두 아이를 키우는 워킹맘이다. 아이들의 행복을 위해 열심히 공부하고 있다. 저서로는《미래일기》,《부모님에게 꼭 해드리고 싶은 39가지》,《되고 싶고 하고 싶고 갖고 싶은 47가지》가 있으며, 현재 좌충우돌 두 아이를 키우면서 배운 것들에 대한 개인저서를 준비 중이다. 이어 글쓰기에 관한 두 번째 개인저서를 집필하고 있다.

Email nohemi@nate.com　　　　**Blog** http://blog.naver.com/gmlakd2678

나는 지금 다른 사람들에게 선한 영향력을 주는 메신저로 살아가고 있다. 작가, 강연가, 코치, 컨설턴트로서 제2의 삶을 살고 있다. 처음 책을 쓴 이후로 매년 책을 두 권씩 출간해서 지금은 20권의 베스트셀러 저자가 되었다. 스피치의 달인으로, 기사가 운전해 주는 벤츠를 타고 전국을 누비면서 강연한다. 나는 강연을 하면서 청중을 웃고 울게 만들고 감동의 도가니에 빠지게 하는 인기 있는 강연가다. 강연가로서의 바쁜 일상 속에서 컨설팅도 진행하고 있다. 내가 잠자고 있는 시간에도 나의 책과 강연 동영상들은 사람들에게 선한 영향력을 주고 있다. 책을 써서 들어오는 인세, 강연으로 인한 강사료, 컨설팅 수입은 나에게 수억 원대

의 연봉을 안겨 주었다. 이렇게 벌어들인 수입으로 나는 부모님에게 안전하고 편안한 멋진 집을 지어 드렸다. 그리고 남편에게는 외제차를 선물해 주었으며, 제주도에 30억 원짜리 별장까지 구입했다. 또한 1년에 한 번씩은 해외여행을 다니면서 새로운 영감을 얻기도 한다. 4개 국어를 자유자재로 말할 수 있어서 세계를 무대로 살아가고 있다.

10년 전까지만 해도 내가 이렇게 되리라고는 상상도 하지 못했다. 안정적인 공무원으로서의 삶에 만족하면서 지냈다. 안정적이고 시간적인 여유가 있어서 아이들을 키우기에는 정말 좋다는 생각으로 살고 있었다. 변화를 두려워하는 전형적인 직장인이었다.

나는 내성적인 성격의 소유자로, 남들 앞에서 말하기 어려워하는 평범한 사람이었다. 나는 평소에 말 잘하는 사람들이 정말 부러웠다. 나는 남들 앞에만 서면 머릿속이 백지장처럼 하얗게 변해서 아무 생각도 나지 않았기 때문이다. 그럴 때마다 '나는 맨날 왜 이럴까?'라는 고민을 많이 했다. 동시에 자존심이 상했고 '남들이 나를 어떻게 생각할까?'라는 생각에 창피했다. 그러면서 점차 잘 나서지 않고 소극적으로 살게 되었다. 항상 뒤에서 남들이 하는 대로 따라 하며 숨죽이며 살았다. 튀고 싶지 않았다. 튀었다가 괜히 비난의 대상이 될까 봐 두려웠다.

학창시절에도 나는 소심하고 내성적인 성격으로 그다지 튀지 않는 학생이었다. 있는 듯 없는 듯 나의 존재는 크게 드러나지 않았다. 그저 묵묵히 할 일 하고 공부하는 학생에 지나지 않았다. 초등학교에 다닐 때 한번은 엄마가 작은집에 가서 약을 얻어 오라고 심부름을 시켰다. 그런데 나는 작은집까지 가놓고 약을 달라는 말을 하지 못한 채 집으로 돌아왔다. 집에 와서 엄마에게 이렇게 쉬운 심부름도 하지 못하느냐고 혼났다.

중학교 때는 시골 학교에서 공부를 그런대로 해서 과학 선생님이 나에게 한 시간 동안 아이들에게 문제를 풀어 주라고 한 적이 있었다. 그때 당시 아이들을 잘 통제하지 못해서 당황했었다. 대학교 때도 부전공으로 교직을 이수할 수 있었지만 설명을 능숙하게 하지 못한다는 생각이 들어 신청하지 못했다. 그 시절 선생님이나 교수님 중에서도 아는 것은 정말 많은데 말로 풀어내지 못하는 분을 보니 더 절실하게 다가왔다. '내가 교사가 되면 아이들을 망치겠구나'라는 생각에 교직을 이수하지 않고 부전공으로 법학을 공부했다.

나는 학창시절부터 지금까지 쭉 말 잘하는 사람들을 부러워하며 살았다고 해도 과언이 아니다. 논리 정연하게 말을 잘하고 자신감 있는 사람이 나의 롤모델이었다. 그렇다고 내가 그런 사람이 되려고 노력해 본 기억은 없다. 그냥 그런 사람을 부러워하기만 했다. 말을 잘하는 것은 타고나는 것이라고 생각했다. 나는 목소리도 크지 않고 말을 많이 하면 쉽게 피곤해졌기 때문에 더욱더 말을 잘하는 것은 타고나는 것이라고 치부했다. 그러나 스피치 능력은 타고나는 것이 아니다. 책을 쓰는 것이 기술이듯이 스피치도 누구나 배우면 실력을 키울 수 있는 기술이다.

내가 글을 쓰고 강연을 하려고 생각했을 때는 아직 실력이 많이 미흡했다. 그러나 실력보다도 나를 세상에 드러내야 한다는 부담감이 컸다. 나는 내성적인 성격이라 내가 모르는 사람이 나에 대해서 안다는 것 자체가 싫었다. 세상 사람들에게 나를 알리고 싶지 않았다. 남들은 다 하는 SNS가 나에게는 무척 어렵게 다가왔다. 괜히 잘못해서 세상 사람들이 나를 비난하지 않을까 하는 두려움 때문이었다.

사람이 큰일을 시작할 때는 반드시 저항이 생긴다고 한다. 저항에는 외부적인 저항과 내면의 저항이 있다. 외부적인 저항은 무시하고 나 자신의 내면의 저항은 이겨 내면 된다. 내가 하고 싶은 것을 선택하고 해내면 된다.

최근 나는 무릎이 심하게 아프고 시렸다. 나이 든 사람들이 흔히 말하는, 무릎에 바람이 심하게 들어오는 느낌이었다. 나는 평소에도 추위를 잘 타고 겨울이면 목감기를 달고 산다. 그래서 겨울만 되면 몸을 움츠리게 되고 육체적인 활동도 줄어든다. 그런데다가 무릎까지 아프다 보니 만사가 귀찮아졌다. 매일매일 쏟아지는 집안일을 겨우 해내고 밤마다 깊은 잠에 빠지곤 했다. 치료차 한의원에 간 나는 자전거 운동을 하면 좋다는 말을 듣고 당장 헬스장에 가서 등록했다. 운동을 하지 않으면 안 되는 상황이었다.

나는 지금 살기 위해서 운동을 하고 있다. 예전 같았으면 운동할 시간을 전혀 내지 못했을 것이다. 그런데 운동을 하지 않으면 나중에 걷지 못하게 되고 연골이 파손되어 연골이식을 해야 될지도 모른다고 생각하니 갑갑해졌다. 나는 늙어서도 건강하게 살아야겠다고 생각했다. 나는 워킹맘으로서 직장생활을 하며 아이들을 돌보고 집안일을 챙기다 보니 평소에는 운동할 시간이 없었다. 그런데 상황이 절박해지니 방법이 생각났다. 바로 아침시간을 이용해서 운동을 하는 것이었다. 잠을 자느라 허비하는 시간을 운동하는 데 이용하면 되는 것이었다. 한 시간만 일찍 일어나면 문제는 해결된다.

나는 초고를 쓰면서도 알람시계를 여러 번 맞춰 놓고 잤었다. 그런데 알람소리를 듣지 못하고 계속 자거나 알람소리를 들어도 다시 잠들기 일쑤였다. 그런데 운동하지 않으면 안 되는 절박한 상황이 되니 일찍 일어나는 것은 자연스럽게 습관이 되었다. 오늘도 아파트 단지 내에 있는 헬스장에 제일 먼저 도착해서 운동을 하고 왔다. 운동하고 헬스장을 걸어 나올 때는 발걸음이 가볍고 기분이 상쾌하다. 실내자전거를 타면서 의식을 확장하는 책을 읽고 하루 기분을 조절하는 시간을 갖는다. 운동을 하면서 "나는 할 수 있다."라는 믿음 가득한 하루를 보내는 의식이다. 이렇게 30분 동안 자전거를 타면서 책을 읽고 러닝머신 위에서 걸으면서 20분 동안 외친다.

"나는 할 수 있다. 나는 작가다. 나는 강연가다. 나는 컨설턴트다. 나는 코치다. 나는 부자다. 나는 벤츠 타는 여자다. 나는 강사료를 시간당 100만 원 이상 받는다. 나는 부자다. 나는 육아의 달인이다. 나는 주차의 달인이다. 나는 스피치의 달인이다."

이렇게 아침 운동시간은 나의 하루의 기분을 좌우하는 시간이 되었다. 기분을 좋게 유지하고 나의 비전과 꿈을 명확하게 하는 시간이다. 이제는 아침에 운동을 하지 않으면 그날은 기분이 좋지 않다.

힘들더라도 행동하면 무엇이든지 이루어진다. 생각만 하지 말고 닥치고 행동하면 그 과정 속에서 원하는 것이 이루어진다. 나는 완전 다른 사람이 되기로 결심했다. 지금까지의 나와 다른 나, 새로운 나로서 살아가는 인생은 어떨까?

웨인 다이어는 저서 《확신의 힘》에서 완전히 다른 사람이 되라고 말한다. 나는 내가 하고 싶은 모든 일에 절박함을 도입하기로 했다. 내가 그동안 경험했던 바로는 꼭 해야 한다는 절박함이 있어야 무슨 일이든지 해낼 수 있다. 이것을 해내지 못하면 나는 죽는다는 각오로 임해 시간을 확보할 수 있었다. 그렇지 않았다면 아이들 돌보고 집안일 하고 직장생활을 반복하면서 평범한 일상을 살아가고 있었을 것이다. 이런 생활 속에서는 전혀 개인시간을 확보할 수 없다. 삶의 우선순위가 어떤가에 따라 삶의 질은 달라진다. 새로운 삶을 살고 싶다면 절박함 속으로 나를 던져 넣어라. 그러면 무엇이든 가능하게 된다.

무언가에 집중해 살아간다는 것은 주어진 상황에 따라 다를 것이다. 삶의 우선순위에 따라 인생은 변화한다. 내가 꿈을 꾸고 행동하게 되면 머지않아 꿈이 현실이 되는 날이 올 것이다. 나는 그렇게 베스트셀러 작가가 되고 스피치의 달인이 될 것이다. 결국에는 사람들에게 선한 영향력을 주는 메신저로서 활동할 것이다.

제주도에서 결혼식 하고
예쁜 결혼사진 남기기

포민정

《한책협》코치, 1인 창업 코치, 마케팅 코치, 긍정드림 코치, 자기계발 작가, 동기부여가

열정덩어리 행동주의자다. 치과위생사로 일하다 경험과 지식을 나누는 메신저산업에 눈을 뜨고 현재 1인 기업가를 꿈꾸는 작가들을 코칭해 주는 1인 창업 코치가 되었다. 꿈꾸는 사람들을 돕는 동기부여가이자 네이버 카페 관리 및 매출을 올리는 포스팅 비법에 대해 코칭하는 마케팅 코치로 활동하고 있다. 현재 마케팅에 관한 개인저서를 준비 중이다.

Email vhalsrhkd@naver.com   **C · P** 010-2490-1603

최근 한 결혼정보업체에서 낸 기사를 읽었다. 2년 내 결혼한 신혼부부를 대상으로 조사한 결과, 예식장과 웨딩패키지 비용으로 평균 2,500만 원 정도를 사용했다고 한다. 결혼할 때는 준비해야 할 것이 많다 보니 비용 부담이 크다. '3포세대'가 되는 이유 중 하나가 바로 '결혼'이다. 사람들은 결혼을 하고 싶어도 "결혼할 돈이 어디 있어?", "열심히 일해서 결혼자금 장만해야지."라고 말한다. 결혼을 많이 한다는 봄, 가을에 마땅한 결혼식장을 예약하려면 1년 전부터 예약해야 하고, 예물이며 예단이며, 집 장만에 혼수까지 준비할 목록도 많다. '결혼자금 모으기 재테크', '결혼자금 대출'까지 받는 것을 흔히 볼 수 있다.

어렸을 적 부모님께서 "결혼은 네 힘으로 벌어서 해."라고 말씀하신 적이 있다. 나도 그걸 당연하게 생각했다. 내가 사랑하는 사람과 함께하는 시작인만큼 결혼식도 내가 알아서 치르겠다고 생각했다. "나는 결혼식 안 해도 돼."라고 했을 때 친구들은 결혼식의 주인은 부모님이라고 말했다. 결혼은 집안과 집안이 하는 것이라고 했다.

나는 결혼이란, 내가 사랑하는 사람, 그리고 내가 꿈꾸는 미래를 지지해 주고 평생을 함께할 사람과 하는 것이고, 결혼식은 그 시작을 알리는 것뿐이라고 생각했다. 그래서 왜 결혼식이 부모님의 행사이고 집안과 집안이 하는 것이라고 하는지 이해되지 않았다. 결혼은 나와 내가 사랑하는 사람 둘이 하는 것이라 생각한다. 내가 앞으로 평생을 함께할 나의 배우자를 사랑하는 사람들에게 소개하고 우리 잘 살겠다고 말하는 자리인데, 남들 기준에 맞춰서 남들이 하는 대로 '관습'이라는 미명하에 계산기를 두드리며 하는 결혼식을 생각하면 행복하기보다 머리가 지끈거린다.

"인생에 단 한 번뿐인 결혼식이잖아. 이왕 하는 거 남들이 부러워할 정도로 멋지게 하고 싶어."라며 결혼식에 목숨을 거는 친구들이 있다. "부모님이 다른 사람들 결혼식에 다니며 냈던 축의금은 되돌려 받아야지."라고 말하는 친구도 있다. 직장에 다닐 때 시부모님 예단을 준비하며 얼마 줬는지, 얼마 받았는지를 계산하고 있는 동료를 봤다. 그 동료를 보면서 '결혼의 실상이란 저런 것인가? 저렇게 한 결혼이 행복할까?'라는 생각이 들었다. 그녀는 몇 년 동안 열심히 모은 3,000만 원을 결혼자금이라는 명목으로 스스럼없이 사용했다. 단 하루 결혼식을 위한 비용으로 사용하는 것이다. 결혼은 시작일 뿐인데 마치 동화 속 엔딩처럼 마지막인 듯 화려하고 최고급으로만 결혼식을 준비한다. 그 뒤가 진짜 시작인데 말이다.

한번은 같이 일하는 동료 결혼식에 갔는데 한 예식장 홀에 30분 단위로 3개의 결혼식이 잡혀 있었다. 한 커플의 결혼식이 끝나면 우르르 가족들과 신혼부부가 나오고 또 다음 하객들과 가족들이 그 자리를 메웠다. 동료의 결혼식 차례가 되었을 때 밖에서 기다리다가 들어가서 결혼식을 보고 결혼식이 끝나자마자 단체사진을 찍고는 바로 식당으로 안내되었다. 그리고 바로 다른 사람의 결혼식이 이어지는 것을 봤다. 뭔가 해치워 버린다는 느낌이 들었다. 형식적으로 정해진 시간에 진행되는 결혼식에는 여유가 없어 보였다. 그래서 나는 관습에서 벗어나 '내 마음대로 결혼식'을 하고 싶다고 생각했다.

얼마 전 남편과 혼인신고를 하러 갔다. 각자의 이름을 적고 서류를 작성해 제출하니 그렇게 결혼이 되었다. 남들이 형식과 절차를 따지며 어려워하는 결혼을 사인 한 방에 끝내 버린 것이다. 혼인신고를 하고 나오는데 이런 생각이 들었다. '이렇게 쉬운데. 돈

한 푼 안 들이고 사인만 하면 결혼이 성립되는데 사람들은 뭘 그렇게 어려워하는 걸까?' 결혼식은 하나의 시작이고 그 이후가 진짜니, 허례허식에 돈 들이지 말고 사랑하는 사람들과 함께 행복한 시간을 갖는 것으로 결혼식을 대신하면 어떨까 하는 생각을 했다.

영화 〈어바웃 타임〉을 보면 동네 작은 교회에서 결혼식을 올리는 모습이 나온다. 결혼식 날 비가 오는데 우울하거나 걱정하는 것이 아니라 오히려 비를 맞으며 뛰어다니면서 로맨틱하고 유쾌한 결혼식을 한다. 이 영화는 가족의 사랑과 순간순간의 소중함, 아름다운 사랑이 담겨 있어서 몇 번씩이고 자꾸 보게 된다. 나는 이 영화의 장면처럼 가족, 친구들과 웃으며 맛있는 음식들도 먹고 음악을 즐기는, 재미있는 결혼식을 하고 싶다.

내가 하고 싶은 결혼식을 아래에 적어 보았다.

- 제주도 풀빌라 호텔을 빌려서 하우스 웨딩을 한다(하객들의 방도 모두 우리가 예약한다).
- 사랑하는 가족들과 〈한책협〉 식구들을 초대한다.
- 결혼식에서 나와 남편은 서로에게 프로포즈를 한다.
- 우리 부부의 1년 뒤, 3년 뒤, 5년 뒤, 10년 뒤, 20년 뒤의 꿈을 이야기하는 시간을 갖는다.
- 사랑하는 사람들과 맛있는 음식을 함께 먹는다.
- 축의금을 받지 않는다.

- 사진작가들이 행복한 결혼식 현장을 예쁘게 사진으로 담아
  준다.
- 저녁에는 은은한 조명 아래서 바비큐 파티를 하며 영화 〈어
  바웃 타임〉을 본다.
- 풀빌라 호텔에서 1박 2일 동안 사랑하는 사람들과 여유를
  즐긴다.

남편과의 추억이 담긴 영화를 보며, 좋아하는 꽃, 좋아하는 사람들과 함께 맛있는 음식을 먹으면서 행복한 추억을 남기고 싶다. 감사한 분들에게 행복을 선물할 수 있다는 것이 나에게는 가장 귀한 행복이 될 것 같다. 제주도에서 바다를 바라보며 가족과 사랑하는 사람들이 나의 결혼식을 축하해 주고 자리를 빛내 주면 영광일 것이다. 저녁노을이 지고 산뜻한 제주도의 바닷바람이 잔잔히 부는 가운데 결혼식을 올리고 싶다. 그리고 사랑하는 사람들과의 시간과 결혼식 현장을 사진으로 남기고 싶다.

그리고 매년 결혼기념일에는 제주도 풀빌라 호텔로 여행을 가고 싶다. 1년, 2년 해가 지나 둘이던 가족이 셋이 되어 태교여행을 가고, 또 1년이 지나면 귀여운 아이와 함께 여행을 갈 것을 생각하니 벌써 기분이 좋고 행복하다. 나의 꿈이 곧 실현되길 상상하며 하루를 마무리한다.

문화카페
열기
—
서명식

책 쓰는 회사원, 세일즈 메신저, 자기계발 작가, 글쓰기 코치
10년째 외국계 IT 회사에서 근무 중이다. 영업 대표, 마케팅 매니저로서의 경험과 깨달음을 나누어 세일즈 및 마케팅 전문가를 꿈꾸는 이들에게 도움이 되고자 한다. 이를 위해 저서와 강연, 코칭 프로그램을 기획 중이다. 저서로는 《보물지도7》, 《부모님에게 꼭 해드리고 싶은 39가지》, 《되고 싶고 갖고 싶고 하고 싶은 47가지》가 있다.

Email myungsiki@hotmail.com   **Blog** http://blog.naver.com/perfect_sales

내가 서점에서 처음 책을 산 것은 초등학교 6학년 때였다. 지금 생각해 보면 다소 한심하게 느껴지지만, 당시 산 책은 〈아이큐점프〉라는 주간 만화잡지였다. 좋아하던 만화가 연재되는 잡지라, 용돈을 아껴 매주 구매했다. 다만 걱정되는 부분은 어머니께서 내가 만화책 보는 것을 좋아하지 않는 것이었다. 당연히 만화책보다는 교과서나 참고서를 보길 바라셨다. 나는 매주 몰래 산 만화잡지를 방 한구석에 숨겨 두었다. 어머니 몰래 만화책을 사려고 들렀던 서점은, 점점 나에게 특별한 장소가 되어 갔다.

서점에는 인상 좋은 젊은 아저씨가 직원으로 근무하고 계셨다. 안경을 썼기에 더욱 지적으로 보였을 수 있지만, 어떠한 질문을 하더라도 차근차근 대답해 주는 아저씨는 나에게는 존경의 대상이었다. 나는 매주 화요일 수업을 마치고 서점에 가 아저씨에게 〈아이큐점프〉가 나왔냐고 물었다. 아저씨는 "그래, 올 줄 알고 준비해 두었다." 또는 "배송이 늦어져서 아직 안 왔네. 이따 다시 들를래?"라며 친절히 맞이해 주셨다. 그렇게 한두 달여의 시간이 지나면서 아저씨와 많이 친해졌다. 아저씨는 한 번씩 과자를 건네주시며 단골에 대한 친절을 보여 주셨고, 나도 그런 아저씨의 자상함이 너무 좋았다.

한번은 아저씨께서 "너는 만화책을 이렇게 열심히 보는데, 다른 책은 읽지 않니?"라며 아무렇지 않게 물으셨다. 나는 그때까지만 해도 만화책만 보았기에 아무런 생각도 없이, "그냥 만화책이면 충분해요."라며 대수롭지 않게 넘겼다. 아저씨께서는 이런 내가 걱정되었는지 잠깐 시간을 내줄 수 있냐며, 나의 독서 습관에 대해 묻기 시작했다. 서점에서 근무한 지 오래된 아저씨는 본인의 사례를 이야기해 주면서, 다양한 책을 읽는 습관이 중요하다고 하셨다. 나는 만화책에 깊이 빠져 있었기에 특별히 관심을 두지는 않았지만, 그래도 어른이 이야기하는 것이라 따라 보기로 했다.

아저씨는 내가 좋아하는 분야를 찾아보라고 하셨다. 나는 당시 굉장히 유행하던 농구 관련 잡지를 구매하기 시작했다. 1994년을 전후로 마이클 조던, 찰스 바클리 등 유명한 NBA 선수들과 한국의 실업, 대학 농구가 인기를 끌기 시작하면서 관련된 만화책, 서적, 잡지 등이 많이 출간되기 시작했다. 특히 〈루키〉라는 새로 창간된 잡지는 매월 다양한 기념품을 주면서, 1년씩 매월 쿠폰을 모으면 보다 큰 선물을 줄 것이라는 광고도 했기에 염불보다 잿밥에 관심이 많았던 나에게는 딱 맞는 잡지였다. 특정 분야에 관심을 두기 시작하면 관련된 것들을 부지런히 잘 모으는 나의 성향과도 잘 맞았기 때문이다.

고등학생이 되었을 때, 아저씨는 수업 시간에 교과서를 통해 배우는 내용만으로는 부족하다며, 충실하고 다양한 내용이 포함되어 있는 학습서 위주로 책을 추천해 주셨다. 특히 내가 가장 좋아했던 역사 과목에 대해서는 학습서 이외에도 다양한 읽을거리를 소개해 주셨다. 지금 생각해 보면 나에게 일종의 서평을 해 주셨던 것이다. 그때 강력히 추천해 주셨던 책이 《로마인 이야기》다. 그렇게 구입하기 시작한 《로마인 이야기》는 마지막 15권이 출시될 때까지 나의 책장에 쌓여 갔다. 아저씨는 내가 고등학교 2학년이 되던 때, 본인이 해야 할 더 중요한 일이 있다며 서점을 떠나셨다. 나에게 책과 서점의 소중함을 알게 해 주셨던 아저씨께 지금도 감사한 마음을 가지고 있다.

최근에 접한 독서 관련 기사 중에서 관심을 끄는 부분이 있었다. 1인 북카페가 유행한다는 정보다. 대형서점은 조용하지만 너무 개방형인 데다 몇몇 특정 지역에만 있어 방문이 어렵고, 일반

카페에서 책을 읽는 것은 주인의 눈치가 보이거나 주위가 너무 시끄러워 집중이 되지 않는다. 그래서 일종의 틈새시장과 같이 편안히 책을 읽을 수 있는 북카페가 많이 생기고 있다. 또한 책을 좋아하는 카페 주인이 본인의 취미와 직업을 연결해 볼 수 있지 않을까 하는 아이디어를 바탕으로 많이 생겨나는 추세라고 한다. 비단 개인뿐만 아니라 여러 지방 자치단체에서도 청소년을 비롯한 여러 세대에 도움이 되도록 사업을 벌이고 있는 분야이기도 하다. 이 기사를 보는 순간 '바로 이거다!'라는 생각이 들었다. 내가 언젠가는 하고 싶은 '서점 주인'이 머릿속에 떠올랐다.

책을 좋아하는 사람이라면 '서점에 가는 것도 좋지만, 내가 서점을 가지고 있다면 얼마나 좋을까?'라는 생각을 할 것이다. 나도 그렇다. 어릴 때 동경하던 서점 아저씨는 계산만 하던 주인과 달리 다양한 정보도 제공해 주고, 사람들에게 맞는 책을 컨설팅해 주는 존재였다. 그래서 주인아저씨, 아줌마보다 일하던 아저씨와 더 친해졌다. 나도 그런 삶을 살고 싶다. 나는 카페 주인이면서 일하는 아저씨가 될 것이다. 단순히 계산만 하는 것이 아니라, 손님들의 이야기도 들어 주고 서로 교류할 수 있는 장소를 제공하는 일종의 '문화카페'를 하고 싶다.

내가 꿈꾸는 문화카페는 생각만으로 만들 수 없다. 경제적 자립을 갖춰야 하고, 다양한 손님들을 끌어모을 수 있는 풍부한 이야깃거리가 있어야 하며, 수준 있는 손님을 맞을 수 있는 역량과 교양을 갖춘 주인이 있어야 한다. 내가 이 모든 것을 준비하기란 쉽지 않다. 하지만 하나씩 준비해 나간다면 불가능한 일도 아닐 것이다.

첫째, 경제적 자립을 갖춘 문화카페를 갖고 싶다. 카페를 창업하고 운영하며 고비를 겪게 되는 대부분의 원인은 카페 운영만으로는 충분한 수익이 보장되지 않기 때문이다. 좋아하기 때문에, 분위기를 느끼고 싶어 카페 운영을 시작했지만 유지하는 것은 그만큼 어려운 것이다. 그래서 나는 내가 꿈꾸고 있는 1인 창업가의 모델을 달성함과 동시에 문화카페를 시작할 것이다. 카페 주인으로서 카페를 운영할 수 있는 경제적 자립을 갖추는 또 다른 나를 향한 동기부여다.

둘째, 삶의 여유를 느끼고 동시에 새롭게 시작하는 사람들에게 희망을 줄 수 있는 문화카페를 갖고 싶다. 강연, 컨설팅, 코칭으로 이어질 나의 미래에 필요한 공간이 되면서도, 찾아오는 사람들에게 동기부여가 되는 공간을 만들고 싶다. 다양한 책을 읽을 수 있으면서도 소규모나 대규모로 진행되는 미팅 룸도 충분히 준비해 그들을 도울 것이다. 그들에게 나 스스로가 희망의 한 줄기가 되고 싶다.

마지막으로, 내가 어린 시절에 만났던 편안한 동네 서점 아저씨처럼 누군가에게 꿈을 꿀 수 있도록 해 주는 문화카페를 갖고 싶다. 동네의 작은 서점들이 많이 사라지고 있다. 온라인서점이 제공해 줄 수 없는, 다시금 독서 인구를 조금이나마 늘어나게 할 수 있는, 따뜻함이 있는 문화카페를 꿈꾼다. 카페 주인으로서 같이 일하게 될 직원과 함께 문화카페를 찾아오는 사람들에게 희망을 주는 메신저 역할을 하고 싶다. 내가 어릴 때 겪었던 일들이 현실에서 이루어지는 희망을 주었듯이, 나 역시 문화카페를 찾는 사람들에게 그러한 존재가 되고 싶다.

그렇게 나는 내가 만들어 갈 문화카페를 꿈꾸며 오늘도 계속 달린다.

하루하루
즐기며 살기

—

유지은

동기부여가, 부모 코치, 육아 코치
아이와 함께 커 가고 있는 모든 엄마들에게 꿈과 희망이 되어 주고 싶은 세 아이의 엄마다.
현재 육아에 관련된 개인저서를 준비 중이다.

나는 학창시절에는 피아노 치는 것을 좋아해서 피아니스트, 여
행 다니는 것을 좋아해서 스튜어디스, 책을 그렇게 많이 보진 않
지만 작가 등 여러 가지 꿈을 가지고 있었다. 그러나 공부를 썩
잘하는 편도 아니고 가정형편상 학원이며 학업을 이어 갈 수 있
는 여건도 아니었다. 그런 핑계 아닌 핑계를 대며 꿈을 꾸기만 하
고 실천은 뒷전이었다. 그렇게 20대가 되고 신랑을 만나 남들보다
는 일찍이 엄마가 되어서 서툴지만 엄마, 아내 노릇 하며 둘째, 셋
째까지 낳아 육아에 매달려 있다 보니 나만의 시간, 나를 위한 시
간은 점점 없어졌다. 나는 어느새 엄마, 아내라는 이름에 묻혀 살
고 있었다. 많은 엄마들이 나와 같은 마음일 것이다. 그렇게 하루

하루를 보내고 있는 나 자신을 돌아보게 된 계기가 있었다.

신랑이 작은 가게를 시작하면서 나는 사모님으로 불리게 되었다. 여태껏 누구 엄마, 누구 아내로만 살아오다가 사모님이라는 색다른 호칭을 들으니 '아, 나도 가치 있는 사람이구나'라는 생각이 들었다.

나는 취미로 재봉틀이나 요가를 배우고 싶었다. 영어, 일본어 등 외국어도 공부해서 하고 싶은 일이 많았는데 아이를 키우느라 이 모든 것을 잊고 살았다. 나를 버리고 있었다는 생각에 하루라도 빨리 하나씩 이루고 싶다는 생각이 많이 들었다. 그래서 보게 된 것이 자기계발서다. 그리고 자기계발 강연을 들으러 가지는 못하더라도 인터넷 영상을 찾아보며 차차 나를 찾아 가기로 마음먹었다.

많은 엄마들이 '아이 키우면서 그런 건 못 해!'라고 생각한다. 당연히 아이를 키우는 것은 버겁고 하루가 어떻게 지나가는지 모를 정도로 정신없는 일이다. 하지만 아이가 자는 시간만이라도 나만의 시간, 나를 위한 시간을 갖도록 노력해 보는 것이 중요하다. 사실 말이 쉽지, 어린아이를 키우는 엄마들이 단 10분만이라도 자기만의 시간을 갖는 것이 어렵다는 것을 잘 안다. 임신, 출산, 육아로 인해 우울증에 걸리는 엄마들이 많은 이유가 자신을 위한 시간 없이 매일 아이에게만 얽매여 있다 보니 그런 것 아니겠는가.

이 문제는 가족이 함께 도와 엄마에게도 시간을 줘야 한다고 생각한다.

그래서 나도 신랑과 상의해 한 달에 한 번이라도 나에게 나만을 위한 시간을 선사하기로 했다. 비록 남들 다 쉬는 주말에는 신랑 상황과 맞지 않아 평일에 갖기로 했지만, 그것만으로도 세 아이 엄마가 자신만을 위해 하루를 마음껏 쓸 수 있다는 게 어디인가 싶어 감사히 하루를 보낸다. 못 만나던 친구들도 만나고, 극장도 가 보고, 배워 보고 싶었던 홈패션작업도 해 보고, 요리수업도 들어 보고, 요즘 관심사인 사진도 찍어 보고, 아이들을 잘 육아하기 위해 부모교육 자격증도 취득하는 등 하나씩 꿈들을 실현해 가며 나만의 하루를 마음껏 써 본다.

'엄마가 행복해야 아이가 행복하다'라는 문구를 본 적이 있다. 전에는 와 닿지 않았는데 나를 위한 시간을 갖고 나니 아이들을 돌볼 때 짜증도 줄어들고 아이들도 아빠와 한결 가까워진 것을 느낀다.

아직 명확한 꿈이나 목표는 없지만 이렇게 하나씩 하고 싶은 것을 하다 보면 정말로 되고 싶은 것이 생기지 않겠는가. 그렇다고 엄마노릇, 아내노릇을 그릇되게 하자는 의미는 아니다. 나는 여전히 멋진 남편의 아내이며, 사랑스런 아이들의 엄마이니 아내노릇, 엄마노릇도 게을리하지 않고 열심히 잘해 나갈 것이다.

모든 일에는 금전적인 문제도 있을 것이다. 자기 상황과 분수에 맞게만 잘 선택해 즐긴다면 남부럽지 않은 인생 아니겠는가. 하고 싶고, 갖고 싶은 것도 많은, 아직은 젊은 엄마로서 열심히 즐기면서 살다 보면 반짝거리는 미래가 곧 나타날 것만 같다는 생각이 든다. 예전의 나약한 내가 아니라 꿈을 꾸고 즐기며 행복한 아내로, 엄마로 살고 싶다. 아이들도 그런 엄마를 보면서 꿈을 키워 나가고 하루하루를 즐겁게 살았으면 좋겠다.

되고 싶고
하고 싶고
갖고 싶은
40가지

11 - 20

서보운 심은수 강지혜 최정호 윤지영
임채준 신지현 임원화 임선영 임현수

직장인을 위한
가치전달자 되기

—

서보운

직장인, 자기계발 작가, 가치전달자, 호기심 많은 현실주의자
인쇄, 출판 회사의 영업사원으로 5년째 근무 중이다. 주체하지 못할 호기심 덕분에 주말마다
각종 강연 및 전시회 등에 다니면서 새로운 깨달음을 얻고, 자기계발 작가로 1인 창업을 하기
위해 준비하고 있다. 제주도에 본인의 이름을 건 자기계발 트레이닝 센터를 만드는 것을 지상
최대의 과제로 삼고 있다.

E-mail jp04@paran.com   **C·P** 010-9797-2248

오전 9시 출근, 오후 6시 퇴근. 평범한 직장인들의 하루 일과
다. 하지만 그보다 일찍 출근하고, 늦게 퇴근하는 직장인들이 더
많은 것이 현실이다. 나도 마찬가지로 중소기업에서 일하면서 오
전 8시 출근, 오후 7시 또는 8시에 퇴근하고 있다. 점심시간 한 시
간을 제외하고, 하루의 10시간 이상을 회사에서 보내고 있는 셈
이다.

그렇다면 잠자는 시간 7시간, 출퇴근에 걸리는 2시간을 제외
하면 나를 위해 사용할 수 있는 시간은 3~4시간 정도가 된다. 물
론 3~4시간 중 아침식사를 하고, 퇴근 후 가족과 함께 보내는 시
간을 제외하면 사실 내 개인시간은 제로(0)에 가깝다. 그런데 이

런 시간 사용 패턴은 나만 그런 것이 아니라, 내 옆의 직장 동료들도 마찬가지다. 아마 이 글을 읽는 대다수의 직장인 역시 마찬가지일 것이다. 그렇다면 평범한 직장인들은 도대체 언제 개인시간을 가질 수 있단 말인가?

그 해답을 찾기 위해 나는 평소 자가용으로 출퇴근하면서 세계적인 동기부여가 브라이언 트레이시의 CD를 듣는다. 그의 해법은 간단하다. 그는 "목표를 성취하기 위해서는 시간을 지배하라."라고 이야기한다. 그러나 시간을 지배한다는 것은 말처럼 쉽지 않다. 직장인으로 일하면서 자기 시간을 내기는 어렵다. 약간의 시간이 생길 때조차 대부분 휴식을 취하거나 잠을 자면서 재충전의 시간으로 활용하기 때문이다.

하지만 이것은 직장인보다는 사업주가 원하는 시간 사고방식이다. 오직 직장을 위해 일하고, 남는 시간은 재충전해 다시 직장에 모든 에너지를 쏟아붓는 직장인이 되길 모든 사업주는 원하고 있다. 그렇기 때문에 모든 이유를 뛰어넘어 직장인은 나만의 시간을 만들어 내야 한다. 직장에 길들여질수록 지금까지의 패턴은 더욱 굳어져 하나의 습관이 되어 쉽게 고쳐지지 않을 것이기 때문이다. 그리고 우리 모두가 알다시피 회사는 우리의 미래를 결코 책임져 주지 않는다. 하루빨리 이것을 깨닫고 어떤 이유를 만들어서라도 사업주가 원하는 사고방식에서 벗어나 자신만의 시간을 확보해야 한다.

나는 먼저 오전 8시 출근, 오후 6시 퇴근을 적극적으로 실천하기로 했다. 처음에는 정시에 퇴근하는 것이 나 스스로도 어색하고, 주변 동료들의 눈치도 보였지만 시간을 지배하기 위해 가급적 실천했다. 가급적이라는 말은 오후 6시를 넘겨 퇴근하는 경우도 가끔 있을 수밖에 없기 때문에 하는 말이다. 그리고 퇴근과 동시에 귀가하지 않고, 근처 공공도서관을 방문해 여러 종류의 자기계발서를 읽거나 자기계발 관련 동영상 강연을 시청했다. 시간이 생기면 저자 강연 또는 특강 등에 참석하기도 했다. 그리고 주말 중 하루는 꼭 일산 킨텍스나 서울 코엑스 등의 전시회에 참가해 세상 돌아가는 상황을 파악했다.

그렇게 주말마다 전시회를 다니다가 《1인 창업이 답이다》의 저자 이선영 대표의 특강을 듣게 되었다. 거기서 〈한책협〉을 알게 되면서, 내 인생의 큰 전환점을 맞이했다. 그것은 바로 "성공해서 책을 쓰는 것이 아니라, 책을 써야 성공한다."라는 〈한책협〉의 대표 김태광 코치의 메시지 덕분이었다. 도서관에서 자기계발서를 읽고, 유명 강사의 강연을 듣는 것만이 아니라 '나도 책을 쓸 수 있고, 강연을 할 수 있다'라는 용기를 얻게 된 것이다.

직장 상사의 눈치를 보고, 언제 회사에서 잘릴지 몰라 전전긍긍하던 마음이 사라지면서 나도 책을 써 나만의 날개를 활짝 펼 수 있다는 생각만으로 하루하루가 설레기 시작했다. 나와 같이 중소기업에서 일하면서 이른바 쥐꼬리만 한 월급으로 한 달을 버티는 사람들에게 희망적인 메시지를 전달하기 위한 책을 쓰기로 마음먹었다. 그리고 주변의 친한 동료들에게 넌지시 나의 결심을 귀띔해 주었다. 물론 그들의 반응은 매우 차가웠다. "헛소리하지 말고 일이나 열심히 해.", "야, 책은 뭐 아무나 쓰냐" 등 냉소적인 반응이 주를 이루었다. 하지만 나는 기죽지 않고 퇴근 후 도서관에서 나만의 멋진 글을 쓰고 있다.

그러면서 또 하나 하고 싶은 소망이 생겼다. 나에게 냉소적인 말을 던지는 동료들도 사실 자신의 미래를 우울해하고, 회사라는 울타리가 얼마나 자신을 지켜 줄 것인지에 대해 비관적이다. 우리나라 보통의 직장인들은 이런 불안감을 가지고 힘든 하루하루를 버티고 있다. 나는 그들에게 제대로 된 가치를 전달해 주고 싶다. 책을 통해서 전달하는 것은 물론이고, 여러 장소에서 직접 그들과 만나 이야기하고, 그들의 이야기를 듣고 싶다. 비록 지금은 직장이라는 곳에 소속되어 나의 노동력과 시간을 제공하고 금전적인 보상을 받지만, 앞으로는 나만의 가치를 만들어서 제공하고 그에 따른 보상을 받았으면 한다.

물론 이 글을 처음 읽는 독자들은 어리둥절할 것이다. 시간 근무에 따른 보상에 익숙해져서, 가치 제공에 대한 보상을 받는다는 것이 무슨 말인지 이해하기 어려운 것은 당연하다. 나 역시 이말을 처음 접했을 때는 무슨 뜻인지 알 수 없었다. 하지만 처음에

언급했던 것처럼 시간을 지배하지 못하고 회사를 위해 써 버리면, 지금과 같은 상황에서 결코 벗어날 수가 없다. 시간은 누구에게나 하루 24시간 주어지는 것이고, 이것은 부자와 빈자를 가리지 않는다. 시간은 지나가면 다시는 돌아올 수 없는 유한한 것이기 때문에 반드시 나만의 것으로 만들어야 한다.

책 몇 권 읽는다고 해서 시간을 지배하고 나만의 가치를 만들어 낼 수는 없다. 반복적인 트레이닝이 필요하다. 그래서 나는 직장인들이 트레이닝할 수 있는 프로그램을 만들어 그들과 함께 호흡하고 싶다. 가급적이면, 도시 생활에 찌든 직장인들을 위해 주말을 활용해 물 맑고 공기 좋은 지역에서 워크숍 형태로 오롯이 나를 되돌아보고 다시 현업에 돌아갈 수 있는 프로그램을 만들어 보급하고 싶다.

설렘과 즐거움을 안겨 줄 수 있는 제주도에 트레이닝센터를 만들 것이다. 제주도의 푸른 자연 속에서 답답한 도시 생활을 던져 버리고 자연이 주는 상쾌함을 만끽하며 스스로 자신을 돌아볼 수 있게 하는 프로그램을 만들 것이다. 더불어 나도 제주도에서 자연과 함께 생활하는 보너스를 얻을 수 있다. 나는 앞으로 직장인들이 자신의 가치를 깨우치도록 도와주고 메시지를 끊임없이 전달하는 가치전달자로 살아갈 것이다.

"어제와 똑같이 살면서 다른 내일을 기대하는 것은 정신병 초기증세다."

　아인슈타인의 말로, 내가 가장 좋아하는 명언이다. 나는 얼마 전까지만 해도 매일 똑같은 삶 속에서 '언젠가는 바뀌겠지', '언젠가는 월급을 많이 받겠지'라는 어리석은 생각을 하며 살았다. 하지만 바뀐 것은 아무것도 없었다. 그리고 앞으로도 어제와 똑같은 삶을 산다면 미래는 바뀌지 않을 것이라는 것을 깨달았다. 이제 나는 어제와 다르게 살면서 또 다른 내일을 기대할 것이다. 더 이상 정신병 초기증세에 시달리지 않고, 깨어 있는 정신으로 살아갈 것이다.

슬픔에 빠진 사람들을 위로하는
1인 기업가 되기

심은수

투자자, 동기부여가, 자기계발 작가
다음 세대 아이들이 꿈을 꾸고 꿈을 위해 공부할 수 있도록 돕고 싶다는 목표를 가지고 있다. 전직 은행원으로 20여 년간 근무하다 개인사업을 꿈꾸며 과감히 퇴사했으나 실패했다. 지금은 워런 버핏처럼 수익을 내는 투자자가 되어 다음 세대 아이들이 꿈을 찾고 이룰 수 있도록 돕는 동기부여가라는 새로운 꿈을 꾸고 있다.

E-mail iwarren@naver.com

내가 지금 이 순간 가장 원하는 것은 방황하지 않는 것이다. 사람들이 꿈을 이야기할 때 나는 내 꿈이 무엇인지 몰라 고민했다. 사람들이 꿈을 이루기 위해 무언가를 하고 있다거나, 해 봤는데 안 되어서 될 때까지 할 것이라는 이야기를 할 때 나는 마음속으로 나도 꿈을 정하고 싶다고 외쳤다. 그리고 최근까지도 방황하고 있었다.

그러다가 나폴레온 힐의 저서 《결국 당신은 이길 것이다》를 읽게 되었다. 그 안에 답이 있었다. 사람들이 방황하도록 하여 삶에서 승리하지 못하도록 하는 것은 악마의 전략이었다. 꿈은 늘 내 안에 있었는데 방황하느라 보지 못했던 것이다.

요즘 1인 기업이 대세다. 재택투자자도, 작가도 1인 기업가다. 나의 꿈은 1인 기업가 그리고 글 쓰는 재택투자자다. 출근하지 않는 일을 하고 싶다. 재택투자자가 되어 이익을 내고 출근하지 않아도 되는 그런 직업을 갖고 싶다. 영화를 보고 싶을 때 보고 책을 쓰고 싶을 때 쓰고 여행을 가고 싶을 때 길 떠날 수 있는, 그런 일을 하고 싶다. 사랑하는 가족들에게, 그리고 나처럼 방황하는 사람들, 특히 청소년들에게 도움이 될 수 있는 진짜 어른이 되고 싶다.

골프 선수 최경주는 자신의 책《코리안 탱크, 최경주-실패가 나를 키운다》에서 "나는 언제나 현역이다."라고 했다. 조기 퇴직한 내게는 충격이었다. 나는 일이 하기 싫어 퇴직한 것이 아니었다. 너무 내 시간 없이 일만 해야 하는 직장이 힘들었을 뿐이었다.

나에게는 4명의 여동생과 한 명의 남동생이 있다. 그중 남편이 과테말라로 주재발령이 나서 그곳에서 살고 있는 여동생이 있다. 처음 나갈 때 함께 가 보자고 하여 10개월간 살다 온 적이 있다. 과테말라는 참 좋은 곳이다. 무엇보다 기후가 너무 좋다. 1년 내내 봄, 가을 날씨에 자연이 너무 아름답다. 과테말라 사람들은 꽃을 사랑하고 유유자적하게 산다. 인건비가 낮고 솜씨가 좋아 그곳에서 봉제업을 하는 우리나라 회사가 많다. 그런 회사에 제부가 근무한다. 그런데 과테말라는 여행하기엔 치안이 좋지 않다. 차가 없는 사람은 버스를 타야 하는데 현지인도 위험해서 힘들어하니 외국인은 더욱 버스 타고 여행하기 힘들다.

그래서 집에 머무는 시간이 많았던 그때 책을 한 권 만났다. 시오노 나나미의 《나의 친구 마키아벨리》다. 마키아벨리는 피렌체 사람이다. 나는 그가 걸었고 숨 쉬었던 곳, 르네상스 시대의 중심인 피렌체에 가고 싶다. 피렌체가 배경인 영화를 찾아 보기도 했다. 그곳에서 살아 보고 싶다. 그런데 아직 못 가 봤다. 이제 가 보자. 언제까지 꿈만 꿀 것인가.

요새는 요리에 꽂혔다. TV에서는 연일 먹방, 쿡방 등 요리프로그램이 방송된다. 나는 그 가운데 백종원의 프로그램을 좋아한다. 그가 알려 주는 쉬운 요리법들을 따라 해 보기도 한다. 요리를 잘하지 못하는 사람들도 한 번쯤은 그를 따라 만들어 봤을 것이다. 어떤 재료가 없으면 대체할 재료를 알려 주거나 그 재료를 넣지 않고도 요리하는 방법을 알려 주는 그는 마치 엄마 같은 요리 선생님이다. 그 덕분에 나도 요리를 좋아하게 되었다.

나는 2009년에 아버지를 여의었다. 나는 평생 아버지와 티격태격 싸우며 살았다. 아버지를 사랑하지만 어렸을 때부터 내게 생활의 짐을 지운 아버지와 늘 대립관계에 있었다. 그런 아버지께서 돌아가셨다. 나는 아버지를 여읠 준비가 되어 있지 않았다. 세상에 어느 자식이 부모를 여읠 준비를 할까마는 특히 나는 그랬다. 아직도 더 싸울 것이 남았다고 생각했는데 어느 날 갑자기 아버지가 돌아가셨고 나는 충격에 빠졌다. 밤마다 잠을 자기 힘들었고 아버지께 따뜻하지 못했던 내가 너무 싫었다. 내 잘못인 것만 같았다. 그렇게 빨리 돌아가신 것이 내가 더 큰 병원에 모시지 않아서인 것 같았고 아버지의 영혼이 천국에 가셨을지 확신이 없어 밤마다 눈물로 지새웠다.

그러다가 목요일마다 가던 영성학교에서 나의 힘든 이야기를 털어놓게 되었다. 그곳의 사람들은 나를 위해 함께 기도해 주었다. 같이 기도해 주었던 간사님이 아버지의 영혼을 하나님께서 천국으로 잘 데려왔노라 대언해 주셨다. 그날부터 나는 평안해졌다.

나는 슬퍼하는 사람들을 위로하는 일을 하고 싶다. 갑작스런 사고나 병으로 가족을 잃고 정신적으로 힘들어하는 사람들의 애통함과 트라우마를 치유할 수 있도록 돕고 싶다.

행복한
다이어트 전도사 되기
—
강지혜

'모질샵' 대표, 라이프스타일&동기부여 유튜버, 자기계발 작가
본명보다 '강애교'로 더 알려져 있다. 유튜브에서 '강애교의 러블리라이프'를 운영하고 있는
라이프스타일 유튜버다. 운동 없이, 식이요법 없이 15kg을 감량한 후, 많은 사람들의 다이어트에
동기부여를 해 주고 있다. 다이어트계의 금손이라 불리며, 현재 3,000명이 넘는 사람들의 외면
과 내면의 아름다움을 되찾아 주고 있다.

E-mail pinklybarbie@gmail.com   **Blog** http://blog.naver.com/elle1004girl
Kakaotalk ID mozilshop   **Instagram** pinklybarbie
Youtube http://youtube.com/pinklybarbie

나는 작년 초까지만 해도 지금보다 15kg 정도 몸무게가 더 나
갔었다. 살에 웃고 울며, 살에 인생이 좌지우지되던 사람이었다.
영원히 살을 못 뺄 것만 같은 공포감 속에 살았다. 하지만 지금은
키 162cm에 몸무게 45kg, 허리 사이즈 22~23인치를 1년 이상
요요 없이 유지하고 있다. 단순히 외면의 아름다움뿐만 아니라
내면의 아름다움까지 잡았다. 다이어트 성공을 꿈꾸는 사람들의
롤모델이 된 것이다.

내 다이어트 성공의 특별한 점은 운동 없이 매일 먹고 싶은 음
식들을 먹으면서 살을 뺐다는 것이다. 나는 이 노하우를 전파했
고, 3,000명이 넘는 사람들이 이 방법으로 크고 작은 감량에 성공

했다.

이전까지 나는 늘 다이어트에 실패했다. 항상 살 때문에 스트레스를 받으며 우울증과 대인기피증으로 고생했다. 폭식증이 너무 심해 자살 충동에 시달리기도 했으며 급기야 고등학교를 자퇴했다. 거울 속의 내 모습에 혐오감이 들 정도였고, 늘 이성을 잃고 먹어 대는 스스로를 원망하고 남과 비교하며 못살게 굴었다. 나는 나를 사랑하지 않았다.

지금 이 글을 읽는 독자들 중에도 나와 같은 사람이 있을 것이다. 나는 그들이 나처럼 어두운 과거에서 벗어나 성공의 사이클을 만들어 나갔으면 좋겠다. 더불어 자신을 소중하게 여기고 사랑하는 법을 알게 되기를 진심으로 바란다.

건강하게 살을 빼는 다이어트 사이클의 첫 번째 포인트는 바로 '마인드 다이어트'다. 생각만으로도 살이 빠지는 것이다. 내가 이렇게 말하면 대부분 '말도 안 돼. 생각만으로 살이 빠진다고? 나는 죽어라 굶으며 악착같이 운동해도 안 빠지는데?'라고 생각한다. 당연한 반응이다. 하지만 나는 자신 있게 말할 수 있다. 생각의 전환만으로 분명 살이 빠진다.

흔히 성공자와 실패자의 마인드가 다르고 부자와 빈자의 마인드가 다르다고 하듯이, 살찐 사람과 살이 안 찌는 사람의 마인드도 다르다. 생각을 바꿔야 살을 뺄 수 있다. 평생 요요 없이 날씬

하고 건강하게 살고 싶다면 마인드 다이어트를 해야 한다.

지금부터 그 비법을 알려 주겠다.

가령 당신이 오늘부터 다이어트를 하기로 마음먹었다고 하자. 이번만큼은 비장하게 이 살덩이들을 전부 없애 버리겠다고 마음을 다잡으며 다이어트 1일 차가 되었다. 아침부터 점심까지 약간의 샐러드와 달걀 한 개만 먹고 꼬르륵 소리 나는 배를 움켜쥐고 있다. 그때 친구에게서 만나서 밥이나 먹자는 연락이 온다. 한참을 고민하다가 '가서 안 먹으면 되지'라고 생각하며 친구를 만나러 간다. 하지만 친구들이 이것저것 맛있는 음식과 술을 먹는 것을 보면서 '오늘은 다이어트 첫날이니까 좀 먹을까? 그래, 오늘만 먹고 내일부터 다시 다이어트하면 되지'라고 생각하며 먹기 시작한다. 오히려 친구들보다 더 먹기도 한다. 친구들은 다이어트한다고 하지 않았냐며 놀란 눈으로 쳐다본다. 다음 날 아침, 엄청난 후회와 자책을 하며 스스로를 원망한다. 왜 이렇게 의지가 약한지 한탄하다가도 어느새 또 먹고 있는 자신을 발견한다.

예전의 내 모습이다. 지금 이 글을 읽고 있는 누군가의 현재 모습일 수도 있다.

참기(굶기)와 폭발(폭식)의 쳇바퀴를 돌고 있는가? 무조건적인 굶기와 폭식은 육체적으로나 정신적으로 매우 좋지 않다. 참는다고 끝까지 참을 수 있다면 인간이 아니라 신이다. 참으면서 쌓이는 스트레스로 인해 오히려 살이 쉽게 찌는 체질로 바뀐다. 스트레스는 또한 식욕 상승으로 이어지기 때문에 더 이상 견딜 수 없는 식욕을 경험하게 된다.

그렇다면 이 사이클을 어떻게 끊어야 할까. 이제부터는 '오늘만 먹을 수 있다. 오늘만 먹고 먹지 않겠다. 그래서 지금이 아니면 먹지 못한다'라는 생각을 버려야 한다. 지금부터는 '오늘도 먹을 수 있고, 내일도 먹을 수 있고, 모레도 먹을 수 있다. 나는 계속 먹을 수 있다. 나는 먹고 싶을 때 언제든 먹어도 된다. 나는 맛있는 음식을 먹을 자격이 있다'라는 생각을 가져야 한다. 인간이라면 누구나 죽을 때까지 무언가를 먹으며 살아야 하는데, 왜 오늘만 먹고 바로 죽을 사람처럼 미련하게 구는가. 당신은 내일도 살아 있을 것이기 때문에 내일도 먹을 수 있다.

'더 이상 안 돼! 이건 먹으면 안 돼! 이건 칼로리가 높아서 참아야 돼! 이건 살찔 것 같으니 먹지 마!'라는 거절을 마음에 심어 주지 말자. '먹어도 돼. 나는 이 음식을 언제든지 내가 원할 때 먹을 수 있어'라고 생각을 바꾸면 마음이 훨씬 편안해지면서 들끓던 식욕이 잠잠해짐을 느낄 수 있다.

그러나 이 방법이 이해가 되지 않고 생각하는 대로 되지 않는 사람도 있다. 맞다. 처음에는 잘되지 않을 수 있다. 나도 그랬다. 그래서 약간의 트릭을 뇌에 심어 주었다.

먼저 평소에 좋아하는 음식을 떠올려 보자. 여러 가지가 떠오르겠지만 그중 가장 좋아하는 음식을 고른다. 그리고 3일 동안 그 음식만을 먹는다. 오늘도, 내일도, 모레도 그것만 먹는 것이다. 이렇게 먹고 싶은 것을 계속 먹어 주면 '거봐, 나 먹고 싶은 것 먹을 수 있잖아. 이제 좀 질린다'라는 생각이 들기 시작한다. 좋아하던 음식에 감흥이 떨어지는 것이다. 그렇게 서서히 마인드가 변화하기 시작하면, 지금 먹으나 나중에 먹으나 똑같다. 못 먹는 것이 아니라 안 먹는 것이다. '내가 마음만 먹으면 언제든지 먹을 수 있다'라는 마인드가 머릿속에 정확하게 장착되기 시작한다.

이번 주말에는 먹고 싶었던 음식을 먹어 보자. 어떤 것이라도 좋다. 음식을 적당히 즐길 줄 아는 사람이 되면 '음식을 먹으면 살이 찐다'가 아니라 '음식은 살찌는 것과 관계없다'로 생각이 달라진다. 어떤 음식을 먹어도 살이 찌지 않는 체질이 되려면 이런 마인드의 변화가 최우선되어야 한다.

지금 이 순간, 생각을 전환하라. "나는 오늘도 먹을 수 있고, 내일도 먹을 수 있다. 언제든지 먹을 수 있다!"라고 거울을 보며 큰 소리로 선포하라. 당신의 행복한 다이어트를 응원한다. 오늘도 예뻐지고 내일 더 아름다워지자.

세상을 변화시킬
대안학교 세우기

최정호

'씨라이트 에듀' 이사
사회적 기업 '씨라이트 에듀' 이사로 재직 중이다. 15년째 논술과 자기소개서, 수능 국어를 지도
하고 있다. 해마다 70~100명 정도의 학생들을 서울대, 연·고대 및 주요 대학에 합격시키고
있으며, 15년 동안 1,000권 이상을 합격시켰다. 입시와 관련해 SBS 시사 경제 및 연합뉴스와
인터뷰했으며, 직업상 한 해 250권 이상의 책을 읽는 다독가다. 현재 7개 고등학교에 출강 중이다.

E-mail shg1109@naver.com

나는 연평도에서 장교로 3년을 복무했다. 섬은 평온하고 외
로웠지만, 폭우와 광풍이 몰아치는 날이면 부서질 것만 같았다.
2002년 6월 29일, 전역을 한 바로 다음 날, 나는 내 인생에서 가
장 충격적인 장면을 뉴스로 목격했다. 동네 목욕탕에서 바나나우
유를 홀짝홀짝 마시며 TV를 보고 있었는데, 낯익은 장소와 함께
우리 해군함정이 북한 전투함과 교전을 하는 장면이 보였다. '이게
뭐지?' 하는 놀라움은 잠깐이었고, 설명할 수 없는 불길한 두려움
과 공포는 곧 슬픔이 되었다. 제대하기 전날까지 무선으로 교신하
던 동료들이 처참하게 부서진 참수리 전투함과 함께 바닷속에 잠
들었다.

너무 슬프면 눈물이 나지 않는다고 했던가. 조그마한 내 방에 3일을 틀어박혀 이른바 '살아남은 자의 슬픔'을 느꼈다. '앞으로 어떻게 살아야 할까?'라는 고민 끝에, 죽은 자들에 대한 미안함 반, 의무감 반으로 대한민국이라는 공동체에 조금이라도 보탬이 되는 일을 해야겠다고 결심했다. 그리고 부모님에게는 사법고시를 보겠다는 핑계를 댄 다음, 군에서 모아 놓은 돈을 들고 서울로 향했다.

대한민국의 교육정책은 늘 그렇듯 지체 높으신 장관님들께서 바뀔 때마다 죽 끓듯이 오락가락했다. 그래도 신선한 대목이 하나쯤은 있었는데, 논술이 입시전형에 포함된 것이었다. 학교 성적이 낮아도, 모의고사 점수가 모자라도 원고지에 쓴 글로 학생들을 뽑겠다니! '이제야 교육부 꼭대기의 지체 높으신 분들이 바른 생각을 좀 하는구나'라고 생각했다. 객관식 문제를 잘 풀어내는 학생이 성적은 높을지 몰라도, 다방면에 뛰어나다고 단언할 수 없기 때문이다.

그런데 입시제도가 바뀌면 항상 발 빠르게 움직이는 강남, 대치동, 노량진 학원가가 문제다. 뒤바뀐 교육제도에 시간과 자본을 투자해서 발 빠르게 움직이겠다는데 누가 뭐라 할 수 있겠는가? 그런데 이놈의 '돈'이 상식의 선을 벗어나 개입되면 상황이 달라진다. 날이 갈수록 강남이나 대치동의 고액 논술 수업료가 가정환경이 어려운 학생들 앞에 높은 진입장벽을 형성하고 있었다.

나는 고등학생 때 모 신문사에서 주관하는 전국논술대회에서 운 좋게 1등을 했다. 그래서 학부모가 입시 정보를 구하기 위해 사방팔방 뛰어다니지 않아도, 거금을 들여 자녀를 학원에 보내지 않아도 논술로 대학에 합격할 수 있다는 확신이 늘 있었다. 일단, 친한 선배와 함께 관악구 봉천동 시장 부근에 보증금 없는 월세 50만 원의 공부방을 얻었다. 당시에 관악, 구로, 금천구 지역에는 어려운 학생들이 제법 있었다. 한 고등학교 국어 선생님은 자신은 논술을 못 가르치겠다며, 담임을 맡고 있는 반 학생 전부를 공부방으로 보내기도 했다.

놀라운 일이 일어났다. 교재비만 받고 수업을 했는데 학생들이 논술시험으로 대학에 떡하니 붙은 것이었다. 이른바 SKY를 비롯해 서·성·한·중·경·외·시로 표현(노예식 줄 세우기 표현이라 사실 좋아하지 않는다)되는 대학들에 많이 합격한 것이다. 그러자 SBS 방송국, 연합뉴스에서 인터뷰도 하러 오고, 포털사이트에 기사도 실렸다.

학생들을 논술로 합격시키는 데 특별한 노하우가 있었던 것은 아니다. 그저 '네 생각을 써라'라고 가르쳤을 뿐이다. 출제자가 원하는 것을 쓰되, '날것'의 느낌을 가진 자기 견해를 과감히 쓰라고 가르쳤다. 그게 전부였다. 어찌 되었든, 논술을 잘 가르치는 공부방이라는 소문이 일대에 삽시간에 퍼졌다. 이후로 경제와 여건이 어려운 학부모와 학생들의 입시상담과 수강 신청이 물밀듯이 몰려들었다.

'자녀의 대학간판은 곧 내가 자녀를 위해 노력한 수준'이라고 그릇되게 믿는 불쌍한 부모들과, 집은 서울인데 지방으로 대학을 가면 우스운 꼴이 된다며 수단과 방법을 가리지 않고 수도권의 대학에 붙으려는 학생들로 인해 입시철은 매일같이 전쟁이었다. 전투 같은 하루가 지나고 밤늦게 학생들이 집으로 돌아가면, 한쪽 구석에 책상을 밀어 놓고 찬 바닥에서 침낭을 뒤집어쓰고 잤다. 침낭 속에서 어떻게 하면 학생들을 더 잘 가르칠 수 있을까 고민하고 또 고민했다. 몸은 고되고 힘들었지만, 정의할 수 없는 열정이 마음 한구석에서 끊임없이 솟구쳤다. 이제야 20대 나이에 조국을 위해 연평 바다에서 산화한 해군 동료들에게 "나 너희들 보기에 부끄럽지 않게 살고 있어."라고 떳떳하게 말할 수 있을 것 같았다. 동시에 나는 좁은 공부방에서 새로운 꿈을 꾸기 시작했다. 언젠가 학교를 세우자. 학교를.

이제 나는 대안학교를 세울 것을 생생하게 상상하고 꿈꾼다. 이 학교에는 다음과 같은 세 가지 기초적인 틀이 있다.

첫째, 전교생은 공부보다 '생존훈련법'과 '수영'을 우선적으로 익혀야 한다. 학생들이 생존훈련법과 수영을 배우게 되면 '세월호 참사' 같은 어처구니없는 상황에서도 스스로 판단해서 살아남을 것이다. 어리석은 어른들이 우리의 생명을 지켜 줄 수 있을지 의

심스러운 국가에서는 스스로 몸을 지켜야 한다. 학생들이 격투기도 배웠으면 좋겠다. 태견을 배우면, 몸도 건강해지고 우리의 전통문화도 자연스럽게 체득할 수 있지 않을까? 아니면 고대 그리스의 귀족들이 배웠던 레슬링도 좋고, 영화 〈아저씨〉에서 주인공 원빈이 보여 준 필리핀 전통무술 칼리 아르니스를 익혀도 무방하다.

중요한 것은 "천하를 주고도 바꿀 수 없는 너의 생명을 잃으면 무슨 소용이냐?"라고 신약성서에서 말한 것처럼, '자신'이라는 유일무이한 존재를 지킬 수 있는 정신과 육체를 단련해야 한다는 점이다. 정글 같은 이 사회에는 진짜 범죄자를 포함해서 정치, 문화, 경제, 교육 등 다방면에 범죄자가 존재한다. 그렇기 때문에 일단 외부의 부당한 공격으로부터 자신을 방어할 힘을 정신적으로나 육체적으로 가져야 한다.

둘째, 오전에 수영을 마치면 느긋하게 교실로 돌아와서 토론과 논쟁을 위한 독서를 시작한다. 교실 중간에 놓인 사각형의 넓은 테이블에 친구들과 둘러앉아 수업과 주제에 맞는 책을 읽으며 토론과 논쟁을 준비한다. 교실에는 개인용 책상과 의자 대신에 논쟁을 위한 테이블이 몇 개 있을 뿐이다. 수학과 과학을 공부하기 위해 수능 기출문제나 각종 참고서를 억지로 풀어서는 안 된다. 그 대신에 뉴턴의 《프린키피아》와 아인슈타인의 《상대성이론》 같은 고전을 읽으면 좋겠다. 역사나 사회 과목을 공부하기 위해

EBS 문제집을 푸는 것도 제한된다. 역사나 사회 시간에는 플라톤의 《국가론》이나 마키아벨리의 《군주론》 같은 고전을 읽고 학생들끼리 토론해야 한다. 임진왜란의 참상을 이야기한 유성룡의 《징비록》을 읽거나 조선시대의 사관들이 목숨을 걸고 쓴 《조선왕조실록》을 직접 읽었으면 한다. 이때 김훈의 소설 《칼의 노래》를 참고해도 좋겠다.

내가 세울 학교의 수업은 늘 토론하는 학생들의 목소리로 시끄러워야 한다. 정답만 잘 찾는 학생은 친구들 사이에서 우수하다는 소리를 듣지 못할 확률이 높다. 친구들로부터 "독특한 발상인데!" 혹은 "그것 신기한 아이디어인데?"라는 소리를 듣는 학생이 뛰어난 학생이다. 시험시간에는 당연히 감독관이 없다. 객관식 시험이 아니라 논술식 시험이기 때문이다. 암기해서 적은 답안은 선생님으로부터 우수한 평가를 받지 못할 것이다.

마지막으로, 전교생은 졸업하기 전까지 평소에 관심이 있었거나 좋아하는 분야의 책을 한 권씩 써내야 한다. 이것은 졸업장을 받기 위해 반드시 제출해야 하는 통과의례다. 졸업하기 전에 미국의 세인트루이스, 시카고 대학의 교과과정처럼 인문고전과 역사서적 100권 정도를 읽었을 것이므로, 저자가 될 배경지식은 이미 충분할 것이다. 고등학생들이 책을 쓰는 것이 너무 이르다고? 그 점은 걱정하지 않아도 한다. 얼마 전 고인이 된 작가 최인호는 10대의 나이에 문단에 등단했다. 시인 윤동주, 기형도, 이상은 20대에 한국문학사에 길이 남을 인물이 되었다. 미래에 나의 학교 출신들도 이와 같은 사람들이 될 거라 굳게 믿는다. 그리고 졸업생들은 글쓰기나 강연을 통해 잘 갈은 칼처럼 자신의 생각을 표현해서, 무소의 뿔처럼 맹렬히 달려 세상을 변화시키는 사람들이 될 것이다.

되고 싶고 하고 싶고 갖고 싶은 40가지

행복하고 빛나는,
꿈꾸는 삶 살기

윤지영

前 어린이집 교사, 동기부여가, 자기계발 작가
현재 결혼 5년 차 주부로 11개월 된 아들을 육아 중이지만 성장하는 엄마, 꿈이 있는 아내가
되고자 틈틈이 자기계발과 몰입독서를 하고 있다. 유아독서지도사를 준비하고 있으며 내 아
이와 다른 아이들이 책을 통해 꿈과 비전을 갖고 글로벌 인재로 나아갈 수 있도록 선한 영향
력을 줄 수 있는 메신저의 삶을 꿈꾸고 있다. 저서로 《미래일기》가 있다.

E-mail irene7279@naver.com   **Instagram** ireneyun87

학창시절 나는 친구들에게서 꾀병을 부린다는 놀림을 받았을
정도로 몸이 약했다. 그래서인지 공부를 안 하기도 했지만 잘하지
도 못했던 지극히 평범한 아이였다. 하지만 대학 진학 후에는 전
공수업 이외에 관심 있는 분야가 하나둘 생기면서 배우는 재미에
빠졌다. 이것저것 해 봤지만 끝을 내 본 적은 거의 없다. 일단 시
작해 놓고 금방 포기하고 또 도전했다가 실패하기를 반복하면서
시간과 비용이 아깝다는 생각이 들었다. 그래도 또 시도하면서 내
가 조금씩 성장하고 있음을 알 수 있었다. 서점을 놀이터 삼아 책
을 구경하는 일들이 일상이 되고 더 나아가 틈틈이 독서를 통해
배우는 것을 점점 더 좋아하게 되었다. 보육교사로 일하면서는 도

움이 될 만한 강의들을 들으며 자기계발을 해 왔다.

결혼 후 아이를 낳기 전까지 5년 차 어린이집 교사였지만 육아에 전념하면서 경력단절과 육아에 지쳐 꿈꾸기조차 포기하게 되는 것은 아닐까 하는 불안감이 생겼다. 육아한다고 바쁘게 움직이지만 아무런 진전이 없는 하루하루를 보내는 것이 다람쥐 쳇바퀴 도는 것처럼 느껴졌다. 나는 안주하고 싶지 않았고 나태해지고 싶지 않았으며 늘 변화된 나, 어제보다 나은 나를 갈망했다.

달란트는 누구나 가지고 있다. 하나님이 각각 맡기신 달란트가 많고 적으냐가 문제가 아니라 아무것도 가진 바 없어도 무엇을 하고자 하는 소망을 갖고 있느냐 없느냐의 문제가 중요하다. 소망은 좋든 싫든 스스로 찾아야 하는, 하나님이 주신 꿈이다. 이왕이면 반짝반짝 빛나는 꿈이 될 수 있도록 잘 가꾸어야 하지 않을까? 그저 열심히만 사는 것보다는 꿈을 꾸고 이루고 또 다른 꿈을 꾸고 이루면서 꿈 너머 꿈을 품어야 한다.

꿈은 하나님이 주신 특권이다. 그 꿈을 이루기 위해서 우선순위에 놓아야 할 것이 있다. 성경말씀을 묵상하고 기도하는 삶이다. 성경은 하나님의 생각과 마음, 태도를 알 수 있게 하는, 하나님과 나 사이에 맺은 하나의 계약서다. 믿고 구하는 것은 무엇이든 주시겠다고 말씀하시는 하나님과의 계약서를 들여다보는 나의 미래는 하나님이 이루어 주시는 꿈을 통해 멋진 삶으로 변화될 것이다.

"지혜가 제일이니 지혜를 얻으라."라는 성경말씀이 있다. 지식은 스스로 공부하며 얻는 것이지만 지혜는 얻어지는 것이다. 성경을 통해 지혜를 구하는 습관을 만들어야 한다. 내가 우선순위에 놓는 것은 독서 습관이다. 하버드 대학 졸업장보다 독서 습관을 더 소중하게 여겼다는 빌 게이츠처럼 평생을 두고 함께하는 좋은 습관이어야 한다. 독서는 절대 나를 배신하지 않으며 강한 동기부여를 해 준다.

나에게 주어진 환경을 바꾸고 싶다면 나 자신부터 바꿔야 하며 나 자신을 바꾸기 위해서는 꿈이 있는 독서 습관을 가져야 한다. 과거는 돌아오지 않고 우리에게 남은 시간은 현재와 미래뿐이다. 어제보다 나은 오늘, 오늘보다 나은 내일을 보내고 싶다면 단 하루면 된다. 내일을 어떻게 보낼지는 내일 생각하고 오늘을 멋지게 보내면 되는 것이다. 기분이 좋으면 좋은 대로, 우울하면 우울한 대로, 하루 10분이라도 틈틈이 몰입독서를 하면 된다. 단 하루 10분 독서 습관으로 내 인생을 바꿀 수 있는 기회가 온다.

나는 1인 기업가로 성공한 임마이티 임원화 대표의 저서 《하루 10분 독서의 힘》을 읽고 팬이 되었다. 그러다가 지난 8월 말, 임원화 대표의 컨설팅을 받았다. 예전에는 책을 좋아하고 책 쓰기에 관심은 많았지만 뜬구름처럼 막연하기만 했다. 그런데 단 2시간 동안 1년, 3년, 5년 후의 계획을 세워 전체적인 빅 픽처를 그릴 수 있었다.

나는 육아를 하면서 틈틈이 독서를 통해 지식을 축적해 나갈 것이다. 육아의 기본은 '독서'다. 요즘은 스마트폰만 있어도 전문가 부럽지 않은 정보와 지식을 홍수처럼 흡수할 수 있다. 남들이 어떤 방식으로 아이를 키우는지 '카더라통신'에 끌려다니지 말고 가볍게 참고만 하면서 독서를 통해 나만의 육아가치관을 가져야 한다. 나만의 인생관이 곧 육아가치관이다. 이것을 뚜렷이 세우고 주변에서 아무리 세찬 바람이 불어와도 흔들리지 않는다면 오늘의 작은 수고가 내일의 큰 행복이 된다. 육아를 경험하면서 육아의 기본인 독서를 통해 지식을 쌓는다면 책을 쓸 수 있는 콘텐츠들을 모을 수 있을 것이다.

〈한책협〉 김태광 코치의 《운명을 바꾸는 기적의 책쓰기 40》에는 "책을 쓰지 않은 채 하는 독서는 밑 빠진 독에 물 붓기나 다름없다. 밑 빠진 독에는 아무리 물을 부어도 밑으로 새어 나간다. (…) 사람들이 많은 책을 읽는데도 생활에 변화가 없고 인생이 그대로인 것은 이 때문이다. 심도 있는 독서를 하려면 반드시 책 쓰기를 병행해야 한다. 그래야 성장이 가능해진다. 더 나아가 운명을 바꾸는 독서가 된다."라고 나와 있다. 나는 100권, 1,000권의 책을 읽기만 하는 사람보다는 한 권의 책을 쓴 사람이 되기 위해 준비하고 있다.

전문적인 지식은 5년치밖에 없지만 그래도 육아에 대해 가장

할 이야기가 많은, 아이 엄마다. 보통 사랑하는 사람은 행복을 만 끽하기 위해 결혼하고 아이를 낳아 키운다. 하지만 어느 순간부터 나 자신은 사라지고 육아에 지쳐 꿈꾸기조차 포기한 평범한 엄마 들이 많다. 나는 그들에게 희망을 주고 꿈을 꾸게 하는 동기부여 가가 되고 싶다. 그리고 내 아이와 다른 아이들 마음에 행복을 그 려 주는 사람이 되고자 한다. 내 아이가 자라 어른이 되었을 때, 꿈과 비전을 가지고 세계적으로 영향력을 떨칠 수 있도록 해 주 고 싶다.

《십대가 진짜 속마음으로 생각하는 것들》의 저자 정윤경 작가 는 "꿈은 이루라고 있는 거고, 나는 또 다른 꿈을 계속 꾸고 이룰 거예요. 어디서 봤는데, 미래는 미래가 결정하는 것이 아니라 바 로 지금 결정하는 것이래요."라고 말했다. 꿈은 꿈 하나로 끝나는 것이 아니라 진화해야 한다.

명확하고 구체적인 비전을 갖고서 믿음으로 꾸준히 행동한다 면 크게 성장할 수 있다는 확신을 가져야 한다는 임원화 작가의 말처럼, 나는 되고 싶고, 하고 싶고, 갖고 싶은 것을 상상하며 성 장하는 아내와 꿈이 있는 엄마, 책을 읽는 아내에서 책을 쓰는 엄 마로 진화할 것이다.

매일 성경을 묵상하는 하루를 보낸다면 하나님과의 만남이 있 는 삶이 되고, 매일 독서하는 하루를 보낸다면 책 속의 많은 사람들과 소통하는, 새로운 내일을 위한 선물 같은 삶이 될 것이다.

"구하라, 그리하면 너희에게 주실 것이요. 찾으라, 그리하면 찾아낼 것이요. 문을 두드리라, 그리하면 너희에게 열릴 것이니."라는 성경말씀처럼 포기하지 않고 끊임없이 두드리면 문은 열리게 되어 있다. 모든 일을 할 수 있다는 믿음을 갖고 끊임없이 동기부여를 한다면 이루어질 것이다. 꿈이 있어 오늘도 나의 미래는 행복하고 빛난다.

나만의
꿈동산 구축하기

임채준

책 쓰는 공무원, 수석 전문가, 기타 연주자, 동기부여 강연가
현재 국립대 행정과장으로 있으며, 30년 넘게 교육행정직 공무원으로 근무했다. 20대부터 수석, 분재, 우표수집, 테니스 등 다양한 취미에 관심을 가졌고, 최근 기타, 오카리나, 하모니카, 우쿨렐레 등을 연주하는 전문가로도 활약 중이다. 현재 30년 넘게 수집해 온 수석, 분재, 목공예, 각종 수집품 등을 활용해 큰 정원을 조성하고 있으며, 음악, 문학, 역사, 수석, 정원관리에 관심 있는 사람들에게 지식과 경험을 나눠 주는 메신저로서 활발히 소통하고 있다.

E-mail cjim@sunchon.ac.kr   **C · P** 010-7927-2638

내가 공무원으로 직장생활을 해 온 지 30년이 넘었다. 공직생활을 하며 힘든 일도 많았지만 돌이켜 보면 안정적인 직업이 있었기에 참 감사한 인생이다. 한 가정을 부양하는 가장으로, 세 아이의 아버지로 울고 웃으며 치열한 세월을 보냈다. 다행히 아이들은 건강하고 반듯하게 자랐고, 각자의 위치에서 최선을 다하고 있다. 아내와 30년을 함께 지내 오며 간혹 다툼이 있기도 했지만, 여전히 화목한 가정을 유지하고 있다. 어느덧 환갑을 바라보는 나이가 되었지만 하루에도 몇 시간씩 테니스를 칠 만큼 건강하다. 정년을 몇 년 남기지 않은 요즘 누구보다 행복하게 남은 인생 2막을 준비하고 있다.

나는 오래전부터 나만의 공간을 멋지게 꾸미는 것이 간절한 꿈이었다. 그래서 현재 살고 있는 집 전체를 미니 갤러리 겸 전시 공간으로 만들었다. 그림과 시, 수석과 서각, 나무뿌리와 목공예, 화분과 도자기, 예쁜 찻잔과 나무열매 등을 전시해 집 자체가 볼거리로 가득한 전시관이다. 이곳에서 기타와 하모니카, 오카리나로 다양한 음악을 직접 연주하기도 한다. 기타를 배우고 싶은 사람들에게 기타를 가르쳐 주고, 노래를 하고 싶은 사람이 있으면 같이 연주하며 노래도 하고 있다.

옥상에 있는 미니 갤러리까지 총 3층으로 구성된 우리 집은 거의 복합 문화 공간 수준이다. 이렇게 멋진 공간이 탄생하기까지 물론 많은 시행착오를 겪었다. 힘들기도 하고 즐겁기도 했다. 일단 시간과 돈이 필요했고, 가족의 협력 또한 중요했다. 이 공간이 있었기에 나는 직장생활을 하며 받는 스트레스를 몰입의 즐거움을 느끼면서 해소할 수 있었다. 매일 새벽에 일어나 공간을 관리하는 습관으로 인해 하루를 힘차게 시작할 수 있었다.

꿈을 꾸는 자만이 진정한 주인공이 될 수 있다. 내 집을 마련하고 직접 인테리어를 하여 특별한 공간으로 만드는 꿈을 이룬 뒤 나는 더 큰 꿈을 꾸기로 했다. 바로 가족이 이용하는 공간인 집을 꾸미고 관리하는 것에서 더 나아가 많은 사람들이 이용할 수 있는 꿈동산을 구축하는 꿈이다.

나의 고향은 경남 함양이다. 현재 어릴 적 추억을 고스란히 간직한 시골집을 기점으로 집 뒤편에 있는 산을 개발해 멋진 정원을 구축해 나가고 있다. 나만의 꿈동산을 만들겠다는 꿈을 현실로 이루기 위해 매주 주말을 반납하며 고군분투하고 있다. 직장생활이나 인생을 통틀어 정년을 몇 년 앞둔 지금이 가장 여유로운 시기지만, 꿈동산을 완성하겠다는 목표로 인해 정말 바쁜 시간들을 보내고 있다.

수석 전시관을 만들고, 강돌과 청석 공원을 만들 계획이다. 돌담과 돌탑을 쌓고, 예쁜 꽃을 심을 예정이다. 사계절을 12개월의 공간으로 구분한 정원을 퍼즐식으로 구상해 나가고 있다. 아직 미완성이고 정리해 나갈 것도 많지만 벌써 완성된 듯 눈에 선하게 그려진다. 공간을 구상하며 하나씩 시도해 보는 과정이 재미있다.

눈이 오든 비가 오든 바람이 거세게 불든 거의 매주 거르지 않고 꿈의 공간으로 달려가고 있다. 내가 꾸미고 관리한 이 공간을 많은 이들에게 보여 준다고 상상하면 가슴이 뜨거워진다. 일상생활 중에도 꿈동산에 관한 생각만 한다. 낮에도 밤에도 꿈동산 생각으로 가득하고, 평일에도 시간만 나면 꿈동산으로 달려간다. 바쁘게 업무를 보다가도 꿈동산만 생각하면 웃음이 난다. 하루 종일 고생했던 피곤함 또한 눈 녹듯이 사라진다. 그야말로 꿈에 미쳐도 아주 단단히 미친 상태다.

꿈동산 구축에 사활을 걸고 있는 나를 바라보는 시선은 다양하다. 어떤 이들은 나를 보고 쓸데없는 일에 미쳤다고 하기도 했고, 무모하다며 말리기도 했다. 어떤 이들은 집념이 대단하다며 응원해 주기도 했고, 방송을 통해 알릴 것을 권하는 이도 있었다. 현재로는 가야 할 길이 먼 미완성 상태지만, 더없이 아름다운 꿈동산이 되리라 확신한다.

꿈을 어떻게 하면 이룰 수 있는지 나는 잘 알고 있다. 일단 꿈에 대한 강력한 동기부여가 있어야 한다. 구체적이고 명확한 목표를 설정한 뒤 이미 이루어진 듯 행복하고 충만한 느낌에 빠져 본다. 이어서 구체적인 정보를 수집하고 디테일한 실천을 한다. 고통과 고민이 다가오면 그대로 허용하며 즐긴다.

경제적 부담은 탄탄한 계획을 세워 점차적으로 해결한다. 정성과 열정으로 거름과 퇴비를 만들며 밭을 일군다. 밭에 있는 지장물은 계속 치우고 가지런히 정리한다. 먼저 가시적으로 원하는 밭을 큰 그림으로 만들어 본다. 그다음 그 밭에 이제껏 수집한 재료와 꿈을 퍼즐식으로 짜 맞추어 들어간다. 정성과 노력이 더해질수록 차츰 꿈동산과 전시공간이 확장된다. 구상을 하고 끊임없이 생각하고 상상하는 즐거움이 몰려온다. 꿈의 목적지에 도달해 가고 있음을 오감을 통해 느낀다. 꿈을 느끼고 맛보는 상황이 온다.

여기서 중요한 것은 힘들고 고통스러울수록 처음부터 가능성을 배제하며 생각하지 말아야 한다는 것이다. 강한 동기와 관심,

꿈과 열정만을 가지고 긍정적인 마인드로 계속 앞으로 달려가야 한다. 꿈과 열정이 식지 않도록 선택과 집중해야 한다. 시간과 에너지 절약을 위해 다양한 분야를 벤치마킹할 수 있어야 한다. 모방을 통해 1차적인 꿈의 틀을 만들고, 자신의 특성과 장점을 가미하면서 창조적인 요소를 계속 추가하고 보완해 나가야 한다.

나는 원하는 것이 있으면 열정을 다해 수집해 왔다. 이때 중요한 것은 되고 싶고, 하고 싶고, 갖고 싶은 것이 있으면 곰곰이 생각하고 끊임없이 상상하는 것이다. 그리고 이미 이루어진 듯 감사하는 마음을 가진다면 그 꿈이 이루어지는 속도를 높일 수 있다.

나는 마침내 원하는 꿈과 행복을 만들어 냈다. 집의 거실과 마당에는 수백 점의 수석과 분재와 골동품들이 즐비하고, 옥상과 시골집 뒷산인 꿈동산은 전부 갤러리와 전시관으로 탈바꿈되었다. 악기를 다양하게 연주해 보고 싶다는 열망을 실천해 미술과 음악, 예술이 가미된 종합예술 전문가가 되어 가고 있다. 하루하루가 무척 행복하고 즐겁다.

누구에게나 세상살이는 생각했던 것보다 어렵다. 환경과 구조적 측면에서 대충만 살펴봐도 그렇다. 행복한 상황보다 고달픈 과정을 거쳐야 하고 고단한 날들이 연속되어 피로감이 누적되기 때문이다. 때문에 끊임없는 노력과 올바른 마인드가 뒷받침되어야 한다. 모든 것은 작은 것에서부터 시작된다. 정성을 들여 하나하나 실천하면 무엇이든 이룰 수 있는 것이 세상의 이치이자 변하지 않는 진리다.

되고 싶고, 하고 싶고, 갖고 싶은 것들이 많다. 이것을 달성하기 위해서는 지혜와 슬기, 인내와 노력, 투쟁과 고뇌를 모아 포기하지 않고 달려가야 한다. 긍정적인 마음과 열린 마음을 가지는 것도 중요하다. 저마다 무지갯빛 꿈을 꾸어야 하고, 뜨거운 열정으로 실천해야 한다. 성공과 깨달음, 행복과 여유는 결코 안일한 마음가짐과 안이한 태도로는 가질 수 없기 때문이다.

인생 2막을 채워 나갈 멋진 꿈이 있기에 나는 아직도 청춘이다. 이번 주말에는 어떤 작업을 하고 앞으로 어떤 시도를 할지 생각하고 상상하며 하루하루를 활기차게 보내고 있다. 나의 꿈동산은 많은 사람들이 알아서 찾아오고, 함양에 오면 꼭 들러야 하는 관광명소가 될 것이다. 내 인생이 오롯이 담긴 멋진 꿈동산에 귀여운 손자, 손녀들이 찾아와 즐거운 시간을 보낼 것이며, 후세에도 많은 이들에게 기쁨을 주는 공간으로 남을 것이다.

건강하고 행복한 모습으로 마지막을 장식하기

신지현

세일즈 전문가, 웃음운동 강사, 동기부여 강연가
딸 둘, 아들 하나를 키워 낸 열정적인 '금메달 엄마'다. 여고시절엔 꿈 많은 문학소녀였고, 결혼 후 세 아이를 키우면서도 학습지 선생님, 보험 설계사, 네트워크 마케팅, 건강식품 판매업 등 쉬지 않고 일을 했다. 40대 후반에 심한 갱년기 우울증을 겪었지만, '웃음운동'을 통해 극복하게 되면서 사람들에게 웃음을 전파하는 강사가 되었다. 현재 강의와 봉사활동을 하며 행복한 인생 2막을 보내고 있으며, 멋진 할머니가 되겠다는 꿈을 꾸고 있다.

E-mail bookdreamlwh@naver.com   **C · P** 010-8005-2638

나는 경북 영천군 화산면 귀호동에서 1959년에 태어났다. 시골이라 집 뒤에는 대나무가 있었고, 사면이 산으로 오목하게 둘러싸인 조그마한 마을이었다. 초등학교 입학 후 나는 5리 길을 걸어서 다녔다. 벼가 무르익은 황금빛 들판 사이 길가를 지나 산으로 난 오솔길 지름길로 학교를 다녔다.

나는 초등학교 3학년 1학기 때 부산으로 유학을 갔다. 나름 시골에서는 좀 똑똑하다고 생각했는데 수업시간에 선생님이 무슨 말을 하는지 잘 알아듣지 못했다. 시험을 치면 말도 안 되는 점수가 나왔다. 나는 학교에 가기가 두려웠다. 성격이 내성적이라 남자 아이들이 놀려서 자주 울기도 했다.

그 시절에는 '국민교육헌장'이라는 것이 있었다. 선생님께서 국민교육헌장을 외워 오는 사람에게는 급식 빵을 2개씩 주겠다고 했다. 나는 악바리처럼 밤새워 외웠다. 결국 선생님께 반에서 가장 먼저 외운 학생이란 칭찬을 들으며 빵 2개를 받았다. 선생님께 칭찬을 받은 나는 조금씩 자신감이 생겼다. '칭찬'이 얼마나 소중한 것인지 이 일을 계기로 알게 되었다.

고등학교에 갈 무렵이었다. 아버지의 사업 실패로 나는 진학을 하지 못할 뻔했다. 오빠는 부산에서 알아주는 개성중학교를 나왔지만, 어려운 가정형편 때문에 인문계 고등학교를 가지 못하고 우수한 성적으로 부산상고에 갔다. 오빠는 고 1때 졸업급수를 획득하고 농협시험에 합격했다. 나는 그런 오빠의 도움으로 흰 칼라에 플레어스커트를 입고 양 갈래로 머리를 묶은 여고생이 되었다.

나는 꿈이 많고 시를 좋아하며 하고 싶은 것도 많았던 여고생이었다. 학교 시화전에서 장려상을 받기도 했다. 하지만 어려운 가정형편으로 인해 대학에 갈 수 없었고, 고생하시는 어머니와 가족들을 위해 취업을 하기로 결정했다. 그 당시 공무원 월급은 6만원이었다. 나는 화장품회사에 입사해 그 3배를 받았다. 열심히 직장생활을 하다가 야간 대학에라도 진학하는 것이 그 당시 내 간절한 꿈이었다.

대학 진학을 포기한 아쉬움을 배움을 향한 열정으로 대신했다. 직장에서 7시에 퇴근하자마자 매일 피곤한 몸을 이끌고 피아노를 배우러 갔다. 나는 배우고 싶고 하고 싶은 것이 많았다. 목표한 대로 진행되지 않거나 내 욕심대로 결과를 이루지 못하면 병이 났다. 당시 나는 피아노를 사고 싶어 차곡차곡 월급을 저축하고 있었다. 하지만 피아노를 사려고 모아 둔 돈을 어머니가 아버지의 사업자금으로 가져가셨다. 나는 큰 충격을 받았다. 상심한 내게 어머니는 나중에 내 아이가 입학하면 피아노를 꼭 사 주겠다고 약속하셨다. 악착같이 아끼며 모아 온 돈이었기에 속상하고 슬펐지만, 고생하는 어머니를 보며 참았다.

세월이 흘러 나는 당시 대학교 3학년 학생이었던 지금의 남편과 인연을 맺었다. 양가의 허락을 받고 결혼하면서, 나는 남편을 따라 부산에서 진주로 오게 되었다. 결혼한 지 2년 뒤에 예쁜 딸을 낳았다. 대학을 졸업하기 전부터 남편은 공무원 공부를 해왔다. 나는 아이를 업고 남편이 공부하는 독서실까지 도시락 2개를 싸 들고 다녔다. 남편이 공부를 잘하도록 내조하며 정성을 다했다.

아버지께서 사업을 하셨기에 덩달아 내 삶도 굴곡이 많았다. 그래서 나는 오래전부터 안정적인 공무원과 결혼해야겠다고 생각했다. 하지만 막상 공무원 시험을 준비 중인 대학생 신분의 남편을 만나 마음고생을 많이 했다. 남편은 다행히 국가직인 교육행정직에 합격했지만 발령을 받고 일을 하기 전까지 생활비가 없었다. 나는 닥치는 대로 일해서 생활비를 벌었고, 가정을 유지할 수 있었다.

첫아이인 원화는 어렸을 때부터 책을 좋아했다. 하지만 책값이 만만치 않았다. 주부사원을 하면 30% 저렴하게 책을 살 수 있다는 정보를 듣고, 나는 웅진출판사에 아이를 데리고 출근했다. 웅진 곰돌이 학습지 선생님이 되었고, 직접 두 딸아이를 공부시킨 방법대로 설명하다 보니 전국 주부사원 중 1등을 했다. 그 결과 나는 딸이 원하는 책을 다 사 줄 수 있었다. 내가 이루지 못한 꿈인 피아노를 두 딸들은 마음껏 배우게 하고 싶어 피아노 학원에도 10년간 보냈다. 어머니는 약속대로 원화가 초등학교에 입학하자마자 그 당시 제일 좋은 영창피아노를 사 주셨다.

두 딸이 예쁘게 크고 있을 무렵 아들을 낳아야겠다는 생각이 들었다. 너무나 간절하게 염원했다. 돌이켜 생각해 보면 그때부터 간절히 원하면 이루어지는 원리를 알았던 것 같다. 나는 꼭 해야겠다고 생각하는 순간 꼭 이루고 마는 사람이었다. 결국 그렇게 원하던 아들을 낳았다. 그 당시 아들 없이 딸만 있어 시어머니에게 비교를 당하는 등 마음고생을 한 나를 알기에 친정어머니는 누구보다 기뻐해 주셨다.

되고 싶고 하고 싶고 갖고 싶은 40가지

아이 3명을 키우느라 정신없는 날들이 이어졌다. 막내아들의 우유병을 잡아 주면서 초등학교 1학년인 둘째의 받아쓰기 숙제를 봐 줘야 했다. 초등학교 4학년인 첫째의 준비물과 숙제를 챙기기에도 바쁜 시간이었다. 하지만 남편은 퇴근하자마자 초저녁부터 잠을 자거나 취미생활인 분재와 수석에 빠져 있었다. 그 시기 남편이 야속하고 화가 나 울기도 많이 울었다.

어머니는 진주로 올 때마다 아이들이 좋아하는 요플레를 사 오셨다. 그래서 아이들은 어머니를 '요플레 할머니'라고 불렀다. 막내인 현수가 세 살 되던 해 5월, 날벼락 같은 소식이 날아들었다. 어머니가 뇌졸중으로 쓰러져 위급하다는 소식이었다. 나는 곧장 부산으로 달려갔고, 병상에 누워 있는 어머니를 본 순간 기절하고 말았다. 어머니는 63세의 나이로 쓰러진 지 하루 만에 돌아가셨다.

옛날 부모님들이 다 그러했겠지만 평생을 고생만 하신 어머니였다. 마음의 준비도 제대로 하지 못한 상태에서 나는 어머니의 싸늘한 얼굴을 만지며 통곡할 수밖에 없었다. 이제 애들 좀 키우고 먹고살 만해서 효도하려고 보니 어머니는 내 곁을 떠나 영원히 다시 올 수 없는 곳으로 가셨다.

나는 쉰 살을 앞두고 심한 갱년기 우울증을 겪게 되었다. 항상 갑자기 떠난 어머니를 향한 그리움이 가득한 데다, 욕심대로 살지 못하고 꿈도 못 이룬 내 인생에 대한 상실감이 원인이었다. 다행히 둘째 딸인 선영이가 3년 동안 옆에 있어 주어 큰 힘이 되었다. 시간이 지날수록 이렇게 살아서는 안 되겠다는 생각이 들었다. 일단 몸을 움직이기로 했다. 행복해서 웃는 것이 아니라 웃기 때문에 행복하다는 말대로 웃음운동학 자격증을 따기로 했다. 그리고 스피치 웃음치료사, 리더십, 레크리에이션 등의 자격증을 땄다. 나처럼 갱년기를 힘들게 보내고 있는 사람들을 위해 도움을 줄 수 있는 멋진 강사가 되고 싶었다. 복지회관, 관공서 등을 다니면서 봉사도 하고 열심히 일도 했다. 아이 셋을 키우면서 나는 쉴 틈 없이 일했다. 집에서 잔소리만 하는 엄마보다는 열심히 일하면서 자녀에게 당당한 모습을 보여 주는 멋진 엄마이고 싶었다.

나의 꿈은 우리 아이들이 잠재능력과 개성을 발휘해 평생 일할 수 있는 전문직을 가지는 것이었다. 돌이켜 생각해 보니 첫째인 원화는 간호사이자 작가가 되었고, 둘째인 선영이는 영어회화가 능숙한 영어강사가 되었다. 막내인 현수는 요리를 전공하며 더 큰 꿈을 향해 달리고 있다.

첫째인 원화가 어느 날 잘 다니던 대학병원을 그만두었다. 딸은 "엄마, 배고프게 라면만 먹더라도 이제부터는 내가 하고 싶은 일을 하며 살겠어."라고 말했다. 딸은 결국 강한 의지로 책을 써냈고, 작가가 되었다. 첫 개인저서인 《하루 10분 독서의 힘》은 베스트셀러가 되었다. 딸이 고생하며 쓴 그 책을 밤새워 읽으면서 나는 얼마나 울었는지 모른다. 나는 내가 이 책을 쓴 것처럼 지인들에게 자랑했다. 많은 사람들이 딸이 쓴 책을 칭찬했고, 여러 단체에 책을 기증해 좋은 일에 쓰이기도 했다.

원화가 병원을 그만두던 날, 예비사위와 함께 원화를 많이 예뻐했던 어머니 산소에 갔다. 사위와 딸은 얼굴도 닮고 분위기가 비슷해 주변 사람들이 남매라고 여길 정도다. 서로의 부족한 점을 채워 줄 수 있는 좋은 인연이 되었음을 하늘에 계신 어머니에게 알려 드렸다. 원화가 쓴 책도 읽으시라고 정성껏 사인해서 드리고, 어머니가 좋아하시는 원불교 독경도 해 드렸다. 어머니가 살아 계셨다면 이 부부를 얼마나 예뻐하셨을까. 매년 어머니를 만나러 가지만 특히 이날 산소를 다녀온 이후로 나는 더없이 마음이 편안해졌다.

어느덧 나 역시 돌아가실 때의 어머니의 연세인 60을 바라보고 있다. 남편과는 결혼 33주년을 맞이했고, 가족들 모두 건강한 몸과 마음으로 각자의 위치에서 최선을 다하고 있다. 그 모습이 너무나 아름답고 감사해서 아내로서 엄마로서 사랑한다는 말을 전하고 싶다. 어머니가 내 아이들에게 그러했듯 나 역시 내 아이들이 예쁜 아이를 낳으면 맛있는 것을 사 주고 돌봐 주는 따뜻한 할머니가 되고 싶다.

큰 목표를 이루겠다는 욕심보다는 나와 인연이 된 사람들과 좀 더 나은 미래를 꿈꾸며 행복하게 동행하고 싶다는 작은 바람이 있다. 마지막으로 남은 생 동안 건강을 지켜 자녀가 필요로 할 때 언제든지 달려가 그 자리를 지켜 줄 수 있는 부모가 되고 싶다. 자녀가 마음의 준비를 충분히 했을 때 그 곁을 떠날 수 있는 부모로 마지막을 장식하고 싶다.

책 쓰는 가족으로
KBS 〈아침마당〉 출연하기

임원화

'임마이티 컴퍼니' 대표, 마인드 모티베이터, 동기부여 강연가, 몰입독서 및 책 쓰기 코치,
1인 기업 멘토, 책 쓰는 간호사
모두의 잠재력을 깨우는 기업 '임마이티 컴퍼니' 대표로, 집필, 강연, 코칭, 컨설팅, 특강, 워크
숍, 칼럼기고 등을 활발히 진행하고 있다. 지식과 경험을 나누는 메신저로서 다양한 대중들과
소통하고 있으며, 책 쓰기를 기반으로 1인 기업가를 시작하는 이들의 멘토로 활약하고 있다.
저서로는 《하루 10분 독서의 힘》,《한 권으로 끝내는 책쓰기 특강》 외 9권이 있다.

E-mail immighty@naver.com   **Blog** www.dreamdrawing.co.kr
Cafe www.immighty.co.kr   **C·P** 010-8330-2638

오늘도 역시나 가족 채팅방이 부산하다. 실시간으로 5명의 가족이 소통하고 있는 우리 가족 채팅방은 각자의 소식과 일상을 알리느라 분주하다. 여동생이 자주 공유하는 반려견 '공주'의 일상 사진과 동영상은 가족들의 최대 관심사다. 요리를 전공한 남동생이 조리 실습을 한 날은 화려한 요리 사진들이 수시로 올라온다. 부모님 또한 자신의 일과 취미생활에 관련된 일상 사진을 자주 공유한다. 나 역시 종종 수업이나 강연을 하고 있는 사진을 올리며 가족들에게 소식을 알린다.

온라인상에서 서로 이야기하느라 바쁜 우리 가족은 오프라인에서도 역시 떠들썩하다. 한 자리에 5명이 모이면 서로 웃고 떠드

느라 시간 가는 줄 모른다. 누구나 그렇겠지만 '가족'이라는 단어
는 내게 남다르다. 항상 부모님에게 인정받는 자랑스러운 딸이 되
고 싶었다. 동생들에게도 든든한 언니이자 누나이고 싶었다. 내게
가족은 멈추지 않고 앞으로 전진할 수 있게 해 주는 인생의 가장
큰 원동력이었다. 우리 가족은 경제적으로나 심리적으로 수많은
위기의 시간들을 겪어 왔다. 가끔 서로 다투며 상처를 주기도 했
지만, 지금은 각자의 위치에서 충실하게 역할과 임무를 다하고 있
다. 각자 개성이 강하지만, 한번 뭉치면 그 누구도 말릴 수 없는
열정 넘치는 가족이다.

지금은 십수 권의 저서를 가진 베스트셀러 작가로서 부모님께
자랑스러운 딸이 되었지만, 한때 나는 부모님께 모진 말을 서슴지
않았던 딸이었다. 하고 싶은 일보다 해야 할 일을 우선으로 인생
의 과업을 결정하다 보니 나는 눈 깜짝할 사이에 대학병원에 입
사한 중환자실 간호사가 되어 있었다. 현실주의자이기보다 이상
주의자에 가까웠기에 간호사라는 직업과 대학병원이라는 배경이
맞지 않는 옷처럼 여겨졌다. 병원의 보수적인 조직문화와 복잡한
인간관계가 정말 힘들었고, 응급상황에 대처하면서도 꼼꼼해야
하는 중환자실 근무가 나의 성향과 도무지 맞지 않았다.
인생 최대의 위기가 왔다. 매 순간 자살을 꿈꾸는 아슬아슬한
시간들이 끝이 보이지 않는 어두운 터널처럼 이어졌다. 이러다간

내가 없어질 것 같아 나는 '사직'이라는 선택을 하고 싶었다. 하지만 사립대를 다닌 데다 실습이 많은 간호학을 전공했기에 내게 들어간 학자금은 세 남매 중 가장 많았다. 부모님께 '대학병원 간호사'라는 타이틀은 세 남매를 뒷바라지하느라 힘든 현실을 버틸 수 있게 해 준 유일한 희망이었다. 안정적이고 평생 일할 수 있는 전문직이었기 때문이다.

나는 어머니께 수시로 병원을 그만두고 싶다고 낮이나 밤이나 울면서 전화했다. 자살하고 싶다고 말해 아버지를 눈물짓게 하기도 했다. 동생들은 줄줄이 대학을 갈 예정이었다. 경제적으로 어려운 현실에 당장 그만두라고 얘기할 수 없었던 부모님은 1년만 버텨 달라고 부탁했다. 나는 '독서'의 힘으로 결국 3년을 버텼다. 3년간 독서력이 누적되다 보니 내 이름이 적힌 책을 쓰고 싶었다. 바쁜 삼교대 근무를 병행하며 책을 썼다. 거의 2년간 병원 원내 CS(고객만족) 강사로 강의 역량까지 키우며 4시간 이상 자 본 적이 없을 정도로 고군분투했다.

책 출간이라는 목표를 이루었고, 나는 베스트셀러 작가가 되었다. 책을 쓰는 과정에서 자존감이 상승했다. 무엇이든 할 수 있겠다는 자신감이 생긴 나는 하고 싶은 일을 하기 위해 용기를 냈다. 안정적인 대학병원 간호사직을 내려놓고 책을 쓰고 강연을 하며 사람들과 소통하는 삶을 살기로 결심한 것이다. 힘들게 공부해서 들어간 대학병원이고, 간호사 경력에 강의 커리어까지 인정받

왔기에 부모님은 아쉬워했다. '1인 기업가'가 되겠다고 선언했으나 당시에는 1인 기업이라는 말조차 생소했다. 게다가 취업이 불안정한 이 시대에 잘 다니던 병원을 그만두겠다고 하니 여러 가지로 염려가 되셨을 것이다.

바쁜 병원생활과 병행해 자는 시간을 줄여 가며 책을 쓰다 보니 부모님은 내 건강을 걱정하셨다. 안부를 묻는 전화에 항상 바쁘다며 가시 돋친 말을 내뱉던 순간이 떠오른다. 내 인생에 관여하지도 말고 부정적인 말을 할 요량이면 아예 전화조차 하지 말라며 차갑게 굴었다. 나 역시 미래가 불안했기에 내 안의 두려움이 더 이상 커지지 않도록 부모님에게조차 철저히 방어벽을 쳤다. 돌이켜 보면 참 고독한 시간들이었다.

서로 상처를 줄 수밖에 없었던 그 시간들은 어느새 웃으며 말할 수 있는 추억이 되었다. 직장인으로 병원에서 근무할 때는 명절에 더 바빠 집으로 내려갈 수도 없었다. 삼교대 근무였기에 기껏해야 1년에 세 번 남짓 가족들을 볼 수 있었다. 하지만 지금은 시간적 자유가 있는 1인 기업가로서 두 달에 한 번 정도 가족들을 만나고 있다. 경남 진주에 부모님과 여동생이 있어 그쪽으로 강연을 갈 때면 부모님과 가족여행처럼 함께한다. 강연하는 모습도 보여 드리고, 강연비로 맛있는 것을 사 드리기도 한다. 지금은 하고 싶은 일을 열정적으로 하며 하나씩 결과로 만들어 가는 나를 누구보다 열렬하게 응원해 주신다.

나는 많은 사람들에게 '책 쓰기'를 가르치고 있는 책 쓰기 코치다. 정말 놀라운 변화는 새로운 길에 도전하는 딸이 고생할까봐 걱정과 염려로 본의 아니게 '책 쓰기'를 반대했던 부모님이 책쓰기에 도전한다는 것이다. 이미 오래전부터 부모님과 동생들이 책을 쓸 수 있도록 해야겠다는 생각이 있었다. 책을 써서 누리는 다양한 경험과 기회를 잘 알고 생생하게 경험했기 때문이다. 대한민국 국민들이 '1인 1책 쓰기'를 달성할 수 있게 하는 것이 내 최종 목표이자 소명이다. 그렇기 때문에 가장 가까운 가족들부터 책을 쓰고 저자가 되게 해야겠다는 결심이 섰다.

내 30가지 드림리스트 중 22번 항목은 '가족들 모두 책 출간해서 책 쓰는 가족으로 유명해지기'다. 목표기한을 3년 안으로 잡았던 이 꿈이 내 예상보다 아주 빨리 이루어졌다. 부모님뿐만 아니라 여동생, 남동생까지 이 책을 함께 쓴 공저자가 된 것이다. 드림리스트 중 15번 항목은 '성공인물로 공중파 TV 프로그램에 출연하기'인데, 나는 이 항목을 업그레이드하기로 했다. 성공한 인물로 나 혼자 나가는 것도 좋지만, 우리 가족이 책 쓰는 작가 가족으로 유명해져 KBS 간판 프로그램인 〈아침마당〉에 출연하는 것이다.

부모님은 〈아침마당〉을 즐겨 보신다. 딸이 책을 써서 작가가 되고 전국을 무대로 강연을 다니다 보니 이제 이 프로그램의 열혈 애청자이다 못해 스토리 제보자가 되었다. 유명한 명사들이나 특별한 패널들이 프로그램에 나오면 바로 전화가 온다. 바쁘지 않으면 시청 후 책 쓰는 글감으로도 쓰고, 명사들의 멋진 모습도 벤치마킹하라고 챙겨 주시는 것이다.

예전에 KBS 〈아침마당〉 생방송을 지켜본 경험이 있다. 방송국 세트가 생생하게 떠오른다. 눈부신 세트 조명 아래 분주하게 움직이는 작가들이 사인을 준다. 진행자인 아나운서들의 질문에 대답하는 부모님과 동생들의 모습을 상상해 본다. 책 쓰는 가족으로 초청받아 우리 가족의 잊지 못할 추억도 이야기하고, 억대 수입의 성공자로 자리 잡은 동생들이 당당하게 인터뷰를 한다.

남동생은 연예인 못지않은 인기 있는 스타 셰프이자 요식업계에서 자신의 브랜드를 구축해 나가고 있는 사업가다. 여동생은 유명한 영어동기부여 강사이자 통번역가로 성공한 억대 수입의 1인 기업가다. 나 역시 100권이 넘는 저서에 연 매출 100억 원이 넘는 성공한 기업가다. 이 세 남매의 모습을 부모님이 흐뭇하게 바라보고 있다. 방송이 나간 뒤 '책 쓰는 가족'으로 유명해져 전국적으로 다른 방송 출연이나 인터뷰가 쇄도한다. 지금은 생각만 해도 흐뭇한 웃음이 지어지는 상상이지만 나는 이 상상이 곧 현실이 될 것이라 믿는다.

내 인생의 첫 책은 가족들의 이야기를 담은 《가족은 상처를 허락한다》였다. 첫 책을 쓴 것을 계기로 나는 현재 10권이 넘는 책을 써 왔고, 인생이 드라마틱하게 바뀌었다. 이 책《되고 싶고 하고 싶고 갖고 싶은 40가지》를 썼기에, 앞날이 창창한 동생들은 평생 책을 쓰는 현역으로 나아갈 수 있을 것이다. 부모님은 자신의 목표와 바람을 책으로 남겨 후세의 가족들에게 길이길이 기억될 것이다. 5명의 가족 모두 되고 싶고, 하고 싶고, 갖고 싶은 많은 꿈들을 이룰 수 있기를 응원한다.

다양한 나라를
자유롭게 누비며 살기

임선영

와일드 챌린저, 영어 코치, 청춘 멘토, 동기부여 강연가
경찰공무원 시험에 불합격하며 외롭고 긴 슬럼프를 겪었다. 하지만 영어공부를 꾸준히 하며
일상의 활력을 찾았고, 인생의 명확한 목표가 생겼다. 유학을 가지 않고도 3년 만에 원어민 수
준으로 영어를 구사하게 되었다. 한국에서도 충분히 영어를 잘할 수 있고, 누구나 지금의 조건
에서 시작하면 된다는 메시지를 많은 사람들에게 전하고 있으며, 현재 유학을 가지 않고도 원
어민처럼 영어를 잘하게 된 경험과 노하우를 담은 개인저서를 집필 중이다.

E-mail wild_challenger@naver.com   **C · P** 010-3699-2638

나는 공무원인 아버지 아래 큰 변화 없는 삶을 살아온 평범
한 20대였다. 언니와 남동생은 타지의 대학에 진학하며 고향인
진주를 떠나 새로운 변화를 맞이했다. 하지만 나는 인생의 새로움
과 어려움을 동시에 맞을 수 있는 독립의 기회를 놓쳤다. 당시 갱
년기 우울증이 오신 어머니가 심적으로 많이 불안정했다. 아버지
께서는 너라도 엄마 옆에서 말동무가 되어 주어야 하지 않겠냐고
했다. 수시로 3개의 대학교에 합격했던 나는 다른 지역에 갈 선택
권조차 없었다. 결국 아버지의 조언대로 진주에 위치한 대학교를
선택했다.

아마 언니나 남동생이었다면 자신의 의견을 굽히지 않고 끝까

지 타지로 갔을 것이다. 하지만 나는 마음이 약해 당시의 상황을 수긍하고 말았다. 새로운 도전이나 다양한 변화를 겪어 볼 기회를 놓친 나는 지금까지 부모님과 함께 거주 중이며 큰 어려움 없이 평범한 일상을 보내 왔다. 평화롭고 안정적으로 보이는 이 삶은 돌이켜 보면 위험했다. 부모님 없이 갑자기 혼자가 된다면 단한 방에 무너졌을 위험하고 불안한 삶이었다.

아버지께서는 늘 내가 안전하고 안정적인 직업을 가지기 바라셨다. 진주의 어느 대학이든 가서 졸업장만 따고 바로 공무원 시험을 준비하길 바라셨다. 한국 교육체제 안의 많은 학생들은 꿈이 뭔지 한 번도 생각해 보지 않고 진로를 결정한다. 주체적으로 행동하지 못했던 나는 자신이 무엇을 원하는지도 모른 채 아버지께서 원하는 대로 공무원 시험을 준비했다. 경찰공무원 시험을 2년정도 치열하게 준비했지만 결국 떨어지고 말았다.

다양한 알바를 하고 휴학과 복학을 반복하며 대학교를 아주길게 다니던 스물여섯 살쯤 나는 인생에서 가장 큰 위기를 맞았다. 갑자기 모든 것에 회의감이 들었다. 이제 갓 20대 중반을 넘긴 이 시점, 나는 한순간도 인생을 막 살지 않았다. 제대로 놀아보지도 못하고 청춘을 바쳐 열심히 살았는데, 지금의 나는 아무것도 아니었다. 자책과 괴로움에 매일 잠을 이룰 수가 없었다. 숨쉬기도 괴로울 만큼 모든 것이 무겁게 나를 짓누르는 느낌이었다.

나는 그때 부모님 밑에서 아무것도 혼자 해 본 적이 없는 아주 의존적이고 약한 사람이었다. 그 시절의 나는 일주일에 두 번쯤 아무 이유 없이 울곤 했다.

많이 힘들었던 나는 언니에게 도움을 청했다. 언니는 지금부터 아무 생각 하지 말고 자신이 추천해 준 책을 10권 정도 읽으라고 했다. 생각과 행동이 어떻게 바뀌고 의식이 얼마나 커지는지 서서히 느껴 보라고 했다. 나는 책을 즐겨 읽는 사람이 아니었지만 무기력한 상태였기 때문에 지푸라기라도 잡는 심정으로 책을 읽기 시작했다.

책을 읽으면서 나는 내가 처한 상황이 그렇게 비극적이지 않다는 것을 깨달았다. 나보다 더 힘든 고난도 이겨 낸 비슷한 나이의 저자를 보며 스스로 마음을 다잡기 시작했다. 책을 꾸준히 읽은 몇 달 뒤에는 훨씬 긍정적인 마음을 가지게 되었다. 내가 무엇을 잘하는지, 좋아하는 것은 무엇인지 성찰해 보는 시간을 가졌다. 현재의 조건에서 작은 도전을 성공시키며 조금씩 성취감을 맛보았다. 모든 것에 의미를 부여했고, 스스로를 칭찬했다. 그 시기 유독 머릿속을 맴도는 하나의 즐거운 상상이 있었는데, 그것은 버스 안에서 외국인과 자유롭게 프리 토킹을 하는 내 모습이었다.

그때부터 나는 지금의 큰 그림이 아닌, 여기까지 오는 작은 첫걸음을 떼기 시작했다. '영어를 열심히 공부해 보는 게 어떨까?'라는 생각이 들었다. 1년 동안의 혼란의 시간을 끝낸 뒤 인생의 전환점이었던 스물일곱 살, 나는 그렇게 영어회화를 시작했다.

나는 간절히 이론적인 영어가 아니라 영어회화 실력을 높이고 싶었다. 회화 실력을 높이고 싶은 간절함은 이것저것 정보를 찾아내게 하는 힘이 되었다.

혼자서 외국인 친구를 찾아 나섰다. 부끄러움과 무안함 속에서도 맞든 틀리든 내가 아는 것을 최대한 말하고자 노력했다. 어휘력을 높이기 위해 매일 내가 말하는 한국어 모두를 영어로 바꾸는 작업을 머릿속에서 했고, 매 순간 사전을 손에서 놓지 않았다. 그렇게 2년 정도를 치열하게 영어회화에 매진했다. 스물아홉 살의 나는 이제 버스 안에서뿐만 아니라 어느 곳에서든 외국인과 자유롭게 의사소통할 수 있는 '이중언어구사자(bilingual)'가 되었다.

외국인 친구들과 각종 파티에 참여하고 그들의 집에 놀러 갔다. 한 달에 두세 번 정도 편하게 만나 밥을 먹고 술을 먹는 친한 외국인 친구들을 사귀는 데 성공했다. 예전처럼 바짝 긴장해서 이야기하는 것이 아닌, 나의 고민과 기쁨을 편안하게 공유할 수 있는 친구가 생겼다. 가끔은 한국인 친구들과 늘 하는 진부한 대화보다 외국인 친구들을 만나 대화하는 것이 더 좋기도 했다. 그들의 새로운 사상과 방식에 놀랐다. 서로 다른 점을 알아 가는 것이 재밌기도 했다. 그들은 다양한 경험을 하고자 우리나라에 온 사람들이었다. 이들과의 만남은 내가 다른 나라를 자유롭게 누비는 꿈을 꾸게 하는 연결고리가 되었다.

나에게 스물일곱 살부터 스물아홉 살까지의 2년은 그저 영어를 공부한 시간이 아니었다. 이제껏 살았던 안정적이고 변화 없던 삶이 아닌, '도전'과 '열정'으로 가득 찬 시간이었다. 나는 이 시기에 익숙했던 진주를 떠나 분당에서 살았고, 만나 왔던 사람들이 아닌 새로운 사람들을 만났다. 익숙했던 모든 한국적인 사상과 방식에 의문을 제기했다. 게다가 인생 첫 해외여행을 미국으로 몇 달간 가게 되었고, 정말 다양한 것들을 보고 느끼고 깨달았다. 그 과정에서 의식이 커지고 다양한 통찰력을 갖게 되었다. 하나씩 도전했던 많은 것이 성취감으로 이어지며 자신감과 자존감도 높아졌다. 세상을 바라보는 관점이 다양해졌고, 변화를 즐길 수 있는 사람이 되었다.

이제 나는 평생 한국에서 살 생각을 하지 않는다. 2년 전에는 상상하지도 못할 생각이었다. 한국이 아닌 다른 나라로의 여행조차 꿈꾸지 않았던 나였다. 다양한 나라에서 살아 볼 수 있는 방법은 무엇인지 생각해 보았다. 먼저 나 자신이 어디에도 속하지 않는 방법으로 비교적 자유로운 수익구조를 창출해야 한다는 생각이 들었다. 그것은 나만의 시스템을 구축해 프리랜서의 삶을 살아야겠다는 생각으로 이어졌다. 한국의 어떤 좋은 기업에 들어가도, 안정적인 공무원이 되어도 내가 지금 꾸고 있는 꿈처럼 가슴이 뛸 수 없다는 것을 이제 잘 알기 때문이다.

나는 한국에서 영어를 공부했다. 부모님이 해외유학을 보내
주실 정도로 집안 사정이 여유 있지 않았고, 무작정 해외에 뛰어
들어 살아갈 자신감도 없었다. 그래도 영어를 잘하고 싶었다. 많
은 외국인과 해외유학파들이 내가 외국 한 번 나가지 않고, 한국
에서만 영어공부를 했다고 하면 놀라곤 했다. 이런 내가 영어는
배우고 싶지만 해외에 쉽게 나갈 수 없는 사람들을 도와줄 수 있
지 않을까? 그동안 겪었던 수많은 시행착오와 좌절을 사람들과
공유하는 것만으로도 그들에게 조금이나마 힘이 될 수 있지 않을
까 생각해 본다.

나는 모든 것에 겁이 많았다. 지금도 물론 그렇다. 하지만 지금
은 그것을 바꾸고 싶은 강한 동기 또한 생겼다. 영어라는 언어장벽
을 낮추니 다른 곳을 경험할 수 있는 어려움 또한 낮아졌고, 이제
전 세계를 돌아다닐 용기도 생겼다는 것은 정말 놀라운 일이다.

세계 여러 다양한 나라에서 살아 본다면 세상을 보는 시야와
관점이 얼마나 넓어지고 달라질지 기대가 된다. 그 과정에서 내가
겪을 시행착오와 끊임없는 변화는 나의 새로운 면모를 발견하고
발전시킬 수 있는 멋진 선물일 것이다. 이 모든 변화는 처음부터
거창하게 시작되지 않았다. 인생에서 시련이 변형된 축복으로 왔
고, 책을 읽으며 마음을 다스리고 꿈을 꾸었다. 지금과는 다른 삶

을 살겠다는 결심으로 즐거운 상상을 했고, 작은 목표들이 달성되다 보니 어느덧 큰 꿈이 되었다. 이제 더 큰 꿈을 틀로 잡아 그 것을 이룰 수 있는 세부적인 방법을 하나씩 찾고 결과를 이루어 갈 것이다. 다양한 나라를 자유롭게 누비는 메신저가 되어 선한 영향력을 미치는 나를 상상해 본다. 다시금 꿈 너머 꿈을 향한 즐거운 여정이 시작된다.

스타 셰프 및
EDM DJ 프로듀서 되기

임현수

책 쓰는 셰프, 청춘 멘토, 동기부여 강연가
고3 때 '요리'로 진로를 결정하며 무기력한 삶에서 열정적인 인생으로 변화했다. 한식, 양식 등 요리 관련 국가자격증 7개를 보유하고 있다. 호텔조리학 공부와 레스토랑 근무를 병행하며 배움을 향한 열정과 꿈을 향한 뜨거움을 간직한 채 치열하게 살아왔다. 해외여행에도 관심이 많으며, EDM DJ에의 도전도 꿈꾸고 있다.

E-mail puhabono@naver.com   **Blog** http://blog.naver.com/puhabono
Instagram puhabono   **Facebook** puhabono

나는 사춘기가 오기 시작한 중학생 때부터 고3 초까지 딱히 하고 싶은 것이 없었다. 학교를 가라고 하니 갔고, 학원도 친구들이 가니 따라다녔다. 어느 것 하나 능동적이지 않고 수동적이었다. 학교 수업 시간표에 맞춰서 똑같이 생활하는 것이 답답했다. 갇혀 있다는 느낌이 들었다. 공부를 하지도 않았지만, 그렇다고 놀지도 않았다. 학교에서 집으로 돌아오면 밥을 먹고 게임을 했다. 잠이 오면 바로 잠을 잤다. 학생 때의 내 모습은 무기력 그 자체였다.

목표는 없고 시간은 흘러 어느덧 고3이 되었다. 성적으로나 진로로나 뚜렷한 성과 없이 고3까지 와 버린 나로 인해 비상 가족 회의가 열렸다.

"현수야, 넌 뭘 하고 싶어? 네가 하고 싶은 것이 뭔지 생각해 봐. 지금도 늦지 않았으니 목표를 잡아서 한번 도전해 보자!"

"큰누나, 나는 대학을 가기 위한 공부 말고 실용적인 공부를 하고 싶어. 써먹을 수 있는 것 말이야."

가족들과의 대화를 통해 나는 내가 무엇을 잘하고 좋아하고 하고 싶어 하는지 생각하게 되었다. 고민 끝에 나온 선택지는 '미용'과 '요리' 분야였고, 결국 요리를 선택했다.

남이 시켜서 수동적으로 하거나 남들이 하니까 어쩔 수 없이 하는 공부가 아니라 자발적으로 내가 하고 싶은 목표에 맞춰 공부를 하니 점차 계획적으로 생활하게 되었다. 친구들은 수능을 목표로 조급해하며 공부할 때 나는 학교 수업을 마치고 바로 요리학원으로 달려갔다. 어떤 일이든 처음이 어려울 뿐이다. 첫 시작을 할 때는 설렘 반 걱정 반이었지만 이내 적응했다. 나는 열심히 주 5일 요리학원을 다니며 내가 갈 수 있는 전문대 호텔조리과를 알아보았다.

내가 좋아하고 잘하는 과목인 한문과 앞으로 필요하겠다고 느낀 영어, 이렇게 두 과목을 공부하기로 정하고 이 전략에 맞는 대학교를 가기로 했다. 그렇게 명확한 목표를 설정하니 구체적인 계획이 세워지고 행동으로 이어졌다. 계속 열심히 공부해 온 친구들에 비해 조금 늦은 듯했지만, 심장이 뛰는 일을 시작하니 하루하루 삶이 활기를 띠었다. 목표를 달성하기 위해 노력하는 과정에서 나는 진정 살아 있다는 느낌이 들었다.

학교에서는 한문과 영어 공부를 열심히 했고, 학교를 마치면 학원으로 달려가 한식과 양식 자격증 공부를 했다. 어느덧 수능시험을 치르는 날이 왔고, 운이 좋게 시험장까지 다니던 고등학교로 배정받게 되었다. 익숙한 곳에서 편안하게 수능을 치고 집에 가서 가채점을 해 보았다. 한문은 50점 만점 중에 45점을 받으며 선전했다. 모의고사 때마다 받는 나의 영어 평균 점수는 고작 40점 정도였지만, 어려운 빈칸 문제 7개를 1번으로 찍어 5개나 맞혔고, 영어듣기 점수가 평소보다 많이 나와 100점 만점에 65점을 받게 되었다. 영어 과목에서의 최고점을 가장 중요한 수능시험에서 달성하게 된 것이다.

수능을 친 날은 마침 한식과 양식 자격증 시험 합격자 발표일이었다. 확인해 보니 다섯 번 떨어진 한식시험과 두 번 떨어진 양식시험 2개 모두 다 합격이었다. 그날 나와 가족들은 모두 기쁨에 젖어 열렬히 환호했다. 그동안 요리 자격증 시험에도 많이 떨어졌고, 모의고사 점수도 잘 나오지 않아 포기하고 싶다는 생각에 마음고생을 했다. 하지만 꿋꿋하게 견뎌 왔고 결국 운까지 더해지면서 나는 인생에서 처음으로 강렬한 성취감을 맛보게 되었다.

그날 이후로 나는 무기력의 아이콘에서 열정의 아이콘이 되었다. 되고 싶고, 하고 싶고, 갖고 싶은 것이 많아지고 목표가 명확해지니 시간을 알차게 쓰게 되고 해야 할 일의 목록이 늘어 갔다. 수능이 끝나고 친구들은 한창 시험 스트레스를 풀며 놀 때 나는 열심히 아르바이트를 했다. 처음 벌어 본 내 돈으로 중식 자격증 공부를 했다. 대학교를 알아보고 지원서를 넣었고, 수도권에 있는 전문대 호텔조리과를 가게 되었다. 집 밖으로 잘 나가지 않아 경남 진주 시내 지리도 잘 모르는 내게 낯선 수도권과 첫 자취생활은 큰 도전이었다. 스스로도 불안했지만, 부모님은 더욱더 걱정하는 모습이셨다.

다행히 나는 자취생활과 학교생활에 잘 적응했고, 동아리활동에도 적극적으로 참여했다. 소심한 성격이었던 내가 놀랍게도 학교 MT에서 춤을 춰서 상도 탔다. 이런 내 모습이 어색하면서도 한편으로는 반갑고 신기했다. 갇힌 생활에서 벗어나 하고 싶은 일을 하고 자유로움을 만끽할 수 있는 대학생이 되니 내 안에 잠재되어 있던 끼가 나오기 시작했다. 꿈이 생기고 열정적인 사람이 되면서 시간의 소중함을 알게 된 나는 좋아하던 게임을 완전히 끊었다. 활동적인 취미가 하나씩 생기고 관심사가 늘어났다. 클럽을 다니며 EDM 음악과 춤을 즐기게 되었고, 옷과 헤어에 관심이 많아 스타일, 패션, 쇼핑에도 관심을 가지게 되었다.

학교생활도 즐겁게 하고, 방과 후 학원을 오가며 열정적인 대학생활을 했다. 취미생활도 즐기고, 행복한 시간들을 보내다가 자연스레 군대를 가게 되었다. 조리병으로 가게 된 군대생활은 시작부터 너무나 힘들었다. 스트레스를 많이 받았지만 조리병으로서 GOP 포함 3대대를 6개월씩 오가며 700인분, 450인분, 140인분의 단체급식을 해 보았다. 칼질이나 조리방법, 레시피, 위생관리 등을 생생하게 배웠고, 다양한 사람들을 만나 사회생활을 했다.

군대생활로 인해 느낀 것이 많다. 가족의 소중함을 느꼈고, 사소한 것 하나하나가 행복이었다는 걸 깨닫게 되었다. 바쁜 조리병 스케줄 속에서도 틈이 날 때마다 배우고 싶었던 중국어를 공부했다. 버킷리스트를 적고 목표와 계획을 정하며 생각하는 시간을 많이 가졌다. 다행히 나는 건강이상 없이 무사히 전역했고, 군 휴학을 포함해 2년간 휴학하면서 버킷리스트에 적었던 것을 실천에 옮기기 시작했다.

제대 후에는 큰누나와 분당에서 같이 살게 되었다. 집 근처에 있는 양식 레스토랑에서 주방 일을 시작하면서 경력을 쌓고 돈을 벌게 되었다. 한식, 양식, 중식, 일식, 제빵, 제과, 조주 등 국가자격증 7개 따는 것을 목표로 삼았던 나는 일과 학원 공부를 열심히 병행한 끝에 목표했던 자격증을 모두 취득하게 되었다. 고등학교 때부터 하고 싶었던 치아교정을 내가 직접 번 돈으로 했고, 1종 운전면허도 땄다. 불과 몇 년 전만 해도 지방 소도시에 살면서 중심가도 찾아가지 못했지만, 혼자 해외여행을 가겠다는 목표도 이루었다. 싱가포르와 말레이시아를 7박 8일 일정으로 다녀오면서 다양한 경험을 하고 나니 더 큰 욕심이 생겼다. 나는 그 뒤로도 다양한 나라로 여행을 갔다. 홍콩과 마카오를 4박 5일 일정으로 다녀왔고, 미국을 17박 18일 일정으로 다녀왔다. 대만을 5박 6일 일정으로 다녀왔고, 라오스를 5박 6일 일정으로 갈 예정이다.

옷과 헤어, 패션에 관심이 많은 나는 셀프 탈색과 염색의 고수가 되었다. 다양한 스타일의 옷을 쇼핑하는 과정에서 인터넷을 활용해 좋은 물건을 빠르게 찾아내는 노하우도 생겼다. 자취 4년 차에 접어들자 인테리어에도 관심을 가지게 되어 다양한 가구와 가전제품, 인테리어 소품들을 채워 나가는 재미를 느끼고 있다. 학교생활과 알바생활을 병행하며 요리와 청소, 빨래 등을 뚝딱 해내는 살림 고수가 되었고, 바쁘지만 전략적으로 시간을 활용해 많은 일을 해내는 자기관리 고수가 되었다. 가끔 친구들이 놀러 오면 스물네 살의 남자 혼자 사는 집이 정말 깔끔하고 인테리어가 좋다며 신혼집인 줄 알았다고 말할 정도다.

2년 휴학 후 복학했고, 2년 반 넘게 꾸준히 근무 중인 레스토랑 일과 학업을 병행했다. 지금껏 부모님께 용돈 한 번 받지 않고 한 달에 100만 원 이상 벌며 해외여행을 가고, 사고 싶은 물건들을 샀으며, 배우고 싶은 것을 배웠다. 모든 일은 직접 번 돈으로 다 해결했고, 학업에도 충실히 매진해 학점 평균이 90점 가까이 된다.

공부뿐만 아니라 좋아하는 것에도 열렬히 몰입했다. EDM 음악을 좋아해 국내 클럽을 400군데 넘게 다니며 열정적으로 음악과 춤을 즐겼다. 혼자 해외여행을 갈 때마다 클럽에 가서 다양한 사람들을 만나며 뜨겁게 소통했다. EDM 페스티벌인 울트라뮤직과 하이네켄, 카스블루, 월드디제이, 아카디아 등 유수한 공연에 가기 위해 지금까지 100만 원가량 투자했다. 세계적인 DJ들도 실제로 보고 현장에서 생생하게 음악을 들으며 가슴이 뛰는 것을 느낀 나는 졸업 후 EDM DJ 프로듀서에 도전하고자 한다.

학생 때 무기력의 아이콘이었던 내가 현재는 시간을 항상 금처럼 여기고 계획적으로 생활하며 목표를 세우고 달성하려고 노력한다. 한때 소심하고 수동적이었던 내가 지금은 혼자서 모든 일을 해결하고 전 세계 다양한 곳을 여행하고 있다. 군대에서 작성한 버킷리스트를 거의 다 달성했고 현재는 새로운 버킷리스트들을 추가하고 있다. 되고 싶고, 하고 싶고, 갖고 싶은 것들이 넘쳐나서 하루 24시간이 모자랄 정도로 뜨겁게 살고 있다. 꿈을 꾸고 명확한 목표를 세우고 자기 확신으로 도전하면 생각보다 많은 것들을 이뤄 나갈 수 있다. 되고 싶고, 하고 싶고, 갖고 싶은 것들을 달성하며 성취감을 즐기게 된 나는 앞으로도 더 성장하고 크게 성공할 것이다.

되고 싶고
하고 싶고
갖고 싶은
40가지

21 - 30

오건민 김지영 이승희 심선민 강태준
전재영 김미정 이준희 김진형 이종서

끊임없이 도전해
자신과의 싸움에서 승리하기
—
오건민

대기업 연구원, 국토계획경제학 전문가, 자기계발 작가
대학교에서 공학계열을 전공하고 대기업 연구소에서 연구원으로 일하고 있다. 고려대학교 정책대학원 석사과정을 통해 제2의 인생을 위한 새로운 도약을 준비하며 역동적인 삶을 살아가고 있다. 현재 개인저서를 준비 중이다.

"인생은 과감한 모험이든가, 아니면 아무것도 아니다."

수많은 명언들 중에서 내가 가장 좋아하는 헬렌 켈러의 명언이다. 나는 어려서부터 하고 싶은 일이 많았고 꿈이 많았다. 어린 시절 내가 가장 존경하는 아버지께서 새벽같이 출근하셔서 밤늦게 퇴근하시는 모습을 보며 늘 감사했다. 그러면서도 어린 마음에 나는 절대 평범한 직장인이 되지 말아야겠다고 생각했다. 나는 평범하지 않은 특별한 인생을 살겠다고 다짐했다.

나는 자신을 발전시키기 위해 끊임없이 노력하고, 내가 좋아하는 일을 찾기 위해 부단히 도전했다. 가끔은 무모해 보이기도 하고 철없는 행동으로 보일 수도 있지만 내가 무엇을 잘하고 좋아하는지는 직접 부닥쳐 봐야 알 수 있고 그래야만 후회를 남기지 않는다는 나만의 철학이 있다. 그것이 한 번뿐인 나의 인생에 주는 선물이고, 좋아하는 일을 하면 경제적인 부분은 당연히 따라온다는 확신이 있다.

나는 고등학교 때 많은 사람들 앞에서 당당히 말하는 자신감을 얻기 위해 교내 방송반 아나운서 활동을 하며 다양한 방면으로 긍정적인 변화를 꾀할 수 있었다. 추가로 합창반 활동과 임원 활동을 하며 자신감 있고 적극적인 성격이 강화되었다. 좀 더 적극적이고 자신감 있는 성격을 만들기 위해 나 자신에게 기회를 주었다. 끊임없이 새로운 환경을 만들고 경험할 수 있는 기회를 주는 일은 이때부터 시작되었다.

2002년 수능 실패로 원하지 않았던 대학교에 진학한 뒤 3~5월까지 신입생 시절을 마음껏 즐겼다. 6월에는 친구들과 함께 길거리 응원을 다니며 대한민국의 월드컵 4강 신화를 후회 없이 만끽했다. 월드컵이 끝나고 8월, 해군에 입대해 평택에서 배를 타며 많은 고생을 했다. 입대 시기가 서해교전 직후였기 때문에 주변의 우려가 있었지만 이왕 하는 군 생활, 평생 하지 못할 특별한 경험을 하고 싶어서 해군에 지원했다. 힘들었지만 다양한 경험을 통해 여러 가지 좋은 습관이 생겼고 많은 교훈을 얻었다.

군 제대 후 1년여 간의 재수생활 끝에 스물네 살에 대학교에 다시 입학했다. 점수에 맞춰서 진학한 공대생활은 시련의 시작이었다. 대학교를 그만둘까 생각도 했지만 부모님께 죄송한 마음에 학업과 병행하면서 다른 꿈을 찾고자 부단히 노력했다. 성격이 방송국 업무에 잘 맞는다고 생각해 방송아카데미 과정을 수료했다. 프로그램 연출 분야에 지원해서 합격했지만 방송 연출은 생각했던 것보다 훨씬 더 힘든 일이었고 그에 합당한 보수를 받기까지는 긴 시간이 필요했다. Fifa agent 시험 준비를 위해 학원도 다녔다. 스포츠광이었기에 적성에 잘 맞을 것이라 생각하고 준비했지만 당시 개인 사정으로 시험에 응시하지 못했다.

이외에도 나는 내가 하고 싶은 것이 무엇인지, 잘할 수 있는 일이 무엇인지, 재미있게 할 수 있는 일이 무엇인지 끊임없이 찾아다니고 도전했다. 학교생활에 충실한 친구들을 보면서 내가 잘하고 있는 것인지, 라는 생각이 들 때도 많았지만, 즐겁고 행복한 일을 하면서 살아야 한다고 생각했기에 끊임없이 도전했다.

그러는 동안 학점은 평점 2점대 후반으로 떨어졌다. 3학년이 끝날 무렵 우연히 서점에서 책을 보다가 인생의 전환점이 될 만한 글을 발견했다. 정확히는 기억나지 않지만 어렴풋이 이런 내용이었다.

"학점이 3.0 이하인 사람은 아무것도 할 자격이 없다. 학과 전공과 무관한 일을 하게 될지라도 학점은 그 사람의 성실함을 나타내는 척도 중 하나다."

뒤통수를 맞은 느낌이었다. 전공을 살리지 않더라도 최소한의 학점은 만들어야겠다고 다짐했다. 3년간 공부를 열심히 하지 않았기에 힘들었지만 4학년 1학기에는 평점 3점을 넘길 수 있었다. 그리고 대기업 두 곳에 지원해 모두 합격하는 행운을 얻었다. 행복했지만 한편으로는 혼란스러웠다. 대학교도 가고 싶은 곳보다 점수에 맞춰 입학해 4년 내내 후회하던 중이었는데 또 무심코 원서를 넣었다가 원하지 않는 방향으로 가게 될 상황이었다. 하지만 부모님이 그토록 좋아하고 행복해하며 지인들에게 자랑하는 모습을 생전 처음 보았다. 제대로 효도 한 번 한 적 없는 나는 그렇게 또 원하지 않았던 길로 들어서게 되었다.

대기업에 입사해 운 좋게도 근무환경이 가장 좋다는 연구소에서 근무하게 되었다. 좋은 회사에서 훌륭한 동료들을 만나 최선을 다했지만 명문대 석·박사 졸업생들이 즐비한 그곳 일이 흥미와 기본실력이 부족한 내 적성에 맞을 리 없었다. 하지만 매달 들어오는 월급과 한 번씩 들어오는 보너스는 나를 회사에서 벗어나기 어렵게 만들었다. 입사 후에도 밤 시간과 주말을 이용해 꿈을 이루기 위해 끊임없이 노력했지만 회사생활과 병행하느라 한계가 따랐고 악순환이 반복되었다.

나는 어려서부터 아나운서에 대한 동경이 있었고 말하기 실력의 향상도 필요했기에 주말에 아나운서 학원을 다녔다. 그 시간과 비용이 아깝다고 생각할 수도 있지만 주말을 이용해 끊임없이 나에게 기회를 주고 도전하며 경험했다. 하지 않고 포기하는 것과 해 보고 포기하는 것은 하늘과 땅 차이다. 대부분의 사람들은 본인이 하는 일이 가장 힘들다고 생각하고 다른 사람들의 일은 쉽게 생각하는 경향이 있다. 물론 경험해 보지 않은 사람들의 생각일 뿐이다. 결국 아나운서라는 직업은 포기했지만 도전을 통해 많은 것을 얻었다.

입사 후 4년이 될 무렵 결혼을 하게 되면서 꿈을 찾는 노력은 조금 더 어려워졌다. 결혼 전에는 언제든 회사를 그만둘 수 있었지만, 결혼한 뒤로는 내 마음대로 큰일을 결정할 수 없었다. 슬럼프가 수시로 찾아왔고 주말만을 기다리는 삶에 지쳐 갔다. 해결책은 없었고 지루한 일상이 반복되었다. 끊임없이 책을 읽고 공부하며 돌파구를 찾기 위해 밤낮으로 노력했다. 하지만 내가 가진 능력은 크지 않았고 그에 비해 눈은 높았다.

그렇게 회사생활을 한 지 7년 차가 되었다. 여전히 부모님은 대기업에 다니는 아들을 자랑스러워하시고, 아내 역시 꾸준히 받는 월급에 만족해한다. 아내는 종종 나에게 꿈을 좇고 적성을 찾는 것이 무슨 의미가 있냐며 초등학생 같다고 이야기한다. 하지만 나에게 주어진 한 번의 인생을 행복하게 살고 싶고, 그만큼 경제적으로 성공할 자신도 있다. 행복과 경제력은 비례한다.

최근 3년간은 부동산 공부에 푹 빠져 있다. 살면서 이토록 흥미로웠던 분야가 있었나 싶을 정도로 재미있다. 정치 분야에 가장 관심이 많았지만 부동산 분야에 흥미를 느끼면서 이 두 분야가 연계되어 있는 다양한 정책분야에 대한 공부를 꾸준히 진행하고 있다.

나는 고등학교 때는 친구들 따라가다 보니 이과에 갔고, 점수에 맞는 대학교에 지원했고, 합격시켜 준 곳에 입사했고, 부모님의 뜻에 따라 내 꿈을 접어야 했고, 그 이후에는 원치 않는 일이지만 의식주가 최우선이기에 견뎌 내야 했다. 적성에 맞지 않는 직장 일에 자신감은 한없이 추락했고 성격마저 변했다. 내 삶에 나는 없었다. 누구나 마음 한구석에 이런 생각들을 갖고 있겠지만 삶의 무게에 치여 살다 보면 그럭저럭 시간은 흘러갈 것이다. 인생의 방향은 나 혼자가 아닌 가족이라는, 어쩌면 나보다 더 소중한 존재가 있기에 내 마음대로 결정할 수 있는 문제가 아니다.

지금 나와 같은 30대들은 백세시대에 살고 있다. 사랑하는 사람들을 위해 10년을 더 버틴다고 가정하면 40대 후반부터는 무엇을 할 것인가? 한 번뿐인 인생을 위해 준비하고 노력하자. 회사라는 울타리를 벗어나기 전에 진정으로 내가 하고 싶은 일이 무엇인지 고민해 보고 나의 행복을 위해, 나의 노후 자산을 위해 퇴근한 뒤나 주말을 이용해 끊임없이 노력하자. 물론 직장에서 퇴사하는 순간까지는 직장생활에 성실히 최선을 다해야 할 것이며, 현 직장에 만족하는 사람은 그 자리에서 최선을 다하면 된다. 노력하는 자에게는 분명 길이 열린다.

　이러한 과정이 쉽지만은 않을 것이다. 여전히 회사에서는 스트레스를 받을 것이고 끝없는 야근과 주말출근도 있을 것이다. 수면 시간은 늘 부족할 것이며 애들도 돌봐야 하고 주말이면 밀린 집안일도 해야 할 것이다. 쓸데없는 곳에 시간, 돈을 낭비한다는 배우자의 구박도 들어야 할 것이고 자존심도 많이 상할 것이다. 부모님은 자식들이 안정적으로 살기를 원하시기에 마음도 약해질 것이다. 가장이라는 무게감에 짓눌려 딴 생각 하지 말자며 포기할 수도 있다. 하지만 이제 양보는 할 만큼 하지 않았는가. 내 인생도 행복해야 되지 않는가. 내가 행복해야 내 주변 사람들이 행복하지 않을까. 행복하게 일하면 부와 명예는 자연스럽게 따라온다.

　나는 오늘도 과감한 모험을 한다. 돌이켜 보면 34년간 나는 멋진 후반전을 준비하기 위해 나 자신을 끊임없이 채찍질하고, 도전하고, 변화를 주면서 나를 멋지고 행복하게 만들 수 있는 방법을 찾아 노력했다. 전반전은 나의 것이 아니었지만 후반전은 그라운드 위의 감독이자 선수로서 주인공이 될 것이다. 행복한 인생의 주인공이 되기 위한 수많은 도전과 노력 끝에 드디어 답이 보이기 시작한다. 나는 목적지를 향해 끊임없이 전진 중이다. 아무도 응원해 주는 이 없지만 도전하고 노력한다. 나는 끊임없이 도전해 자신과의 싸움에서 승리하고 결과를 보여 줄 것이다.

꿈을 가르치는
대안학교 설립하기

김지영

'힐파이온' 대표, 베스트셀러 작가, 동기부여 강연가
더 높은 삶의 도약을 위해 라이프 로드맵을 설계하는 지속적인 정상 컴퍼니 '힐파이온'의 대표로서 2030들의 즐거운 일상과 인생 성장의 초석을 다지는 드림 로드맵을 설계하고 있다. 저서로는 《지금 이 순간 행복한 사람이 되어라》 등 4권이 있다.

E-mail bluedawn228@naver.com   Blog http://blog.naver.com/bluedawn228
Facebook bluedawn228   Homepage www.healpion.com

내가 막 중학생이 되었을 무렵, 전 세계적으로 《해리 포터》 붐이 일었다. 책을 그다지 좋아하지 않던 내가 조앤 K. 롤링의 세계관에 푹 빠져 몇 날 며칠이고 엄청난 집중력으로 책을 읽어 내려갔다. 부모님께서 심부름을 시키는 소리조차 듣지 못할 정도로 혼이 나가 혼나기 일쑤였다. 내가 《해리 포터》 시리즈에 그토록 열광했던 이유는 마법세계라는 소재가 매혹적인 이유도 있었지만, 주인공 해리가 역경을 극복해 나가며 차츰 성장하는 이야기가 용기를 주기 때문이었다. 삼총사 해리, 헤르미온느, 론은 역경 앞에 때때로 길을 잃고 방황하기도 했지만 끝끝내 올바른 가치관을 찾고 이를 지키며 성장해 나갔다. 삼총사는 각자 개성이 뚜렷해 늘 다투면서도 마지막에는 서로 양보하고 타협점을 찾으며 아름다운 우정을 만들어 냈다.

중학생 때 만난 이 아름다운 이야기는 나의 잠재의식에 크게 영향을 미쳐 내 인생을 송두리째 바꿨다. 지독한 어둠과 외로움이 계속될지라도 그것은 잠시일 뿐이며 그 끝에는 반드시 희망의 빛이 존재한다는 것을 가슴 깊이 느끼게 되었다. 또한 판타지 소설 '덕후'였던 나는 책 덕후로 성장해 분야를 막론하고 책 읽기에 푹 빠졌다. 고민되고 힘든 상황일수록 책을 읽고 나서 편안한 마음을 유지할 수 있었고, 책 속에서 반드시 그 해답을 찾을 수 있다는 사실을 알게 되었다.

위인전을 읽거나 역사를 공부하며 '나라면 이 상황을 어떻게 극복했을까?'라고 상상해 보거나, 내 상황과 현실에 위인들의 묘책을 적용해 보는 것도 무척이나 재미있는 일이었다. 철학 책을 읽으면서는 '어떻게 살아야 하는가', '나라는 사람은 누구인가'에 대한 진지한 성찰을 할 수 있어 좋았다. 가족의 질병 문제가 한꺼번에 터져 삶과 죽음의 경계에서 서성일 때도 나는 생존을 위한 독서를 하며 역경을 축복으로 극복해 나갔다. 그때도 역경을 극복할 수 있는 해답은 반드시 책 속에 존재한다는 희망에만 초점을 맞추었다.

실제로 양자물리학, 최면학, 긍정심리학, 뇌과학, 형이상학 등의 책을 마치 저글링하듯이 읽어 내려가면서 한 줄기 빛을 따라 건기 시작했다. 그로 인해 가족의 조현병, 암, 우울증 등의 질병 문제를 모두 극복할 수 있었다.

현재는 '포근심리치유센터'의 대표이자 상담사로, 베스트셀러 작가이자 동기부여 강연가로 활동하며 '너와 나는 존재 자체로 사랑이다!'라는 사실을 가슴으로 전하고 있다. 내게 일어난 기적 같은 일은 분야를 막론한 책 읽기가 아니었다면 불가능한 일이었다고 확신한다.

이제 막 대학에 입학하거나 회사에 취직한 사람들은 자신이 전공한 분야에만 시야가 갇히기 쉽다. 나 역시도 건축공학을 전공한 사람으로서 수학, 과학만을 잘하기도 벅찬데 다른 학문을 굳이 공부해야 하나 싶었던 적도 있었다. 그러나 인간을 이롭게 하고자 만들어진 학문들에 두루 관심을 갖는 것은 그 누구의 삶도 아닌 바로 자기 자신의 삶을 보다 풍요롭게 하고 조화롭게 만든다.

건축, 철학, 언어학, 기호학, 뇌과학, 복잡계 물리학, 서양사 등의 분야에서 최고의 권위를 자랑하는 중진학자 8명이 '창의인재 프로그램'의 한자리에 모였다. 이들이 한자리에 모인 목적은 대한민국이 진정한 선진국으로 진입하는 거대한 움직임을 만들어 내는 데 있다. 그 방법은 자연과학과 예술, 철학, 역사, 기호학, 종교학 등을 통합해 가르치고, 이를 표현할 수 있는 인재를 키우는 데 있다고 본 것이다.

들어가는 것(input)이 무엇이냐에 따라 나오는 것(output)이 달라진다. 분야를 통합한 창의적 사고를 할 수 있는 인재는 세상의 트렌드를 단숨에 읽고, 창조적 콘텐츠를 생산해 낼 것이다. 단적인 예로 과학기술에 미적 아름다움과 실용성을 얹은 애플이 그러하다. 그들은 새로운 개념을 제시해 세상을 선도했다. 현재 한국에서 불고 있는 '인문학 열풍'은 바로 이러한 시대적 흐름에 기인한 것이다.

우리는 종종 아이들과 이런 대화를 나눈다.

"너의 꿈은 무엇이니?"
"선생님이요!"

하지만 직업은 결코 꿈이 될 수 없다. 직업 앞에는 반드시 추상적인 형용사가 붙어야 한다. 단순히 직업이 아니라 '어떠한' 선생님이 되고 싶은가를 말할 수 있어야 진정한 꿈이다. 그렇다면 '어떠한'에 대한 정의를 어떻게 내릴 수 있는가? '어떠한'을 규정하려면 '내가 과연 어떠한 사람이 되고 싶은가'에 대한 질문과 답이 선행되어야 한다.

당신은 어떠한 사람이 되고 싶은가? 당신은 어떠한 사람이 되기 위해 어떠한 꿈을 꾸고 있는가?

지인이 설립한 대안학교를 탐방한 적이 있다. 나는 그 아이들이 배우는 과목 커리큘럼을 보고 까무러치게 놀랐다. '어떻게 살아야 하는가', '나는 누구인가'를 일깨우는 교육과정이 제일 우선순위에 있었고 사람의 됨됨이를 완성하는 교육과정이 그 뒤를 따랐으며 그다음 교육과정으로 수학, 과학, 영어 등의 과목이 있었다.

한계 없이 꿈꿀 수 있는 무궁무진한 존재가 자신임을 제일 먼저 깨달은 뒤, 자신감과 리더십과 따뜻한 포용력을 배우고, 세상을 향한 자신만의 꿈을 설정한 뒤에 수학, 과학, 영어 등의 과목을 공부하는 것이다. 수학, 과학, 영어 등의 과목을 무작정 공부하고 나서 '그래서 내 성적으로 꿈꿀 수 있는 게 뭔데? 나 어느 대학의 어느 과를 전공해야 해?'가 아니라 '나는 이러한 꿈이 있으니 열심히 공부해야겠다! 나는 ○○을 전공하고 싶어! 그 전공의 1순위 대학인 □□대학에 가고 싶어!'라고 마음먹는 것이다.

뿐만 아니라 학생들은 타인의 성공을 진심으로 기뻐했다. 친구가 엄청난 꿈을 꾸고 꿈을 이룰 수 있다면, 자신 역시 그럴 수 있음을 알기 때문이다. 대한민국 사회에 널리 퍼져 있는 '경쟁'과는 완전히 반대되는 '행복한 성공'이자 '행복한 삶'이 아닐 수 없다. 대안학교를 졸업하는 아이들은 자신이 원하는 대학의 원하는 과에 입학하자마자 '과 대표', '학생회장'을 휩쓸며 마치 다른 DNA를 가진 것처럼 생각하고 느끼고 말하고 행동한다.

이 좋은 교육과정을 소수만 누려야 하는가? 자신이 지옥 같은

경쟁시대를 살아 냈다고 해서 후손들에게까지 "너희들도 참고 견
뎌! 네가 노력을 하지 않았기 때문이야!"라고 말하며 채찍질할 것
이 아니라 내 후손들만큼은 통합, 화합, 행복, 번영, 풍요의 시대를
살 수 있도록 밭을 일궈 주어야 한다. 자신이 그러한 시대에 살지
못했다면 적어도 내 후손들만큼은 그것을 누릴 수 있도록 씨앗을
뿌려야 하지 않을까?

나는 죽기 전에 꼭 이루고 싶은 꿈으로 '대안학교 설립'을 꿈꾼
다. 따뜻한 스승의 품에서 자라난 아이들, 공동체 의식 안에서 자
라난 아이들, 리더십을 함양하고 세상에 나오는 아이들이 세상을
따뜻하게 변화시키고 밝은 미래를 이끌 것이라고 믿어 의심치 않
기 때문이다.

꿈과 희망 메신저로
세계를 다니며 강연하기
—
이승희

강연가, 자기계발 작가, 동기부여가, 희망 멘토
꿈과 희망을 전해 주는 강연가로 활동하고 있으며 동기부여가, 작가, 희망 멘토로 활동하기 위해 노력 중이다. 더 많은 이들이 꿈과 희망을 가지고 살아가기를 진심으로 바라면서 꿈과 희망의 메신저로 전국을 다니며 강연 활동을 하고 있다. 저서로는《우리가 살아가는 하루하루가 기적이다》,《또라이들의 전성시대》가 있다.

E-mail lhd512@daum.net

나는 어린 시절 꿈이 많았다. 첫 번째로 배우가 되고 싶었고, 두 번째로는 체육 선생님이 되고 싶었다. 하지만 북한이라는 나라에서 나의 꿈은 단 한 번도 피어날 기회조차 없었고 허황된 망상에 불과했다. 북한에서는 내가 아무리 하고 싶어도 당에서 하지 말라고 하면 할 수 없다. 반대로 내가 아무리 하기 싫은 일도 당에서 하라고 하면 해야 하는 것이 공산주의 주체사상의 법칙이었다. 그러다 보니 나에게는 꿈과 희망이 없었다.

북한 땅에서 나는 김일성 일가를 위한 노예였다. 어려서부터 그 누구에게도 얽매이는 것을 좋아하지 않던 나는 늘 자유가 그리웠다. 그러다 보니 나는 날마다 두만강 건너 중국 산을 바라보며 '나는 언제쯤 자유로이 저런 땅에서 살 수 있을까' 생각했다. 날마다 중국 산을 바라보며 자유를 꿈꿨다. 두만강을 건너 다른 나라로 간다는 것이 무엇을 의미하는지 그 누구보다도 나 자신이 잘 알고 있었다. 하지만 더 이상 자유 없이 살고 싶지 않아 죽음을 각오하고 선조의 무덤이 있고 나고 자란 고향을 떠나기로 결심했다.

1995년 9월, 나는 자유를 찾아 목숨을 걸고 탈북했다. 하지만 자유를 얻은 기쁨도 잠시, 나는 북경주재 한국영사관의 문턱을 넘지 못하고 중국공안에 체포되었다. 그 뒤 도문에서 남양을 거쳐 강제 북송되었다. 북한 당국은 나에게 큰 설움과 고통을 주었다. 탈북 실패 후 정치범이 되어 짐승보다 못한 삶을 살아가게 되었다. 나는 인간이 아니었다. 김일성 일가를 위해 일하는 동물이었다. 김일성 일가의 주체사상 아래 당국과 보위원들이 판을 치며 사는 세상에 복종도 해 보았고 나라를 위해 큰 공을 세운 적도 있다. 허나 아무리 발버둥 쳐도 남는 것은 천대와 멸시뿐이었다.

나는 죽을 수밖에 없는 목숨이라면 1분 1초를 살아도 사람답게 살다가 죽고 싶어서 또다시 국경을 넘었다. 그러나 중국에서의 불법체류자 생활에는 꿈과 희망이 없었다. 저 멀리 사이렌 소리만 들려와도 두려움과 공포에 떨어야 했다. 중국에서는 바람에 흩날리는 낙엽처럼 정처 없이 떠돌이 생활을 했다. 하지만 살아 숨 쉬고 있는 한 절망만 하며 살아갈 수는 없었다. 나는 두려움에 나를 가두기보다는 한국에 갈 수 있다는 희망을 품고 내 의지대로 살아가기 시작했다. 힘들었지만 대한민국에 갈 수 있다는 희망이 있었기 때문에 견딜 수 있었다. 기나긴 고통과 시련의 항해 끝에 나는 2003년 꿈에도 그리던 대한민국에 들어오게 되었다.

나는 2005년에 대경대학 뷰티학과에 입학했다. 당시 나의 꿈은 교수가 되는 것이었다. 나는 낮에는 일하고 밤에는 야간 대학을 다니면서 지식과 기술을 배워 나갔다. 스펙을 중요시하는 한국에서 나는 열심히 배우고 많은 자격증을 취득했다. 그리고 많은 미용대회에서 입상했다. 대학 4년 과정을 마치고 대학원 공부를 할 계획이었는데 아이를 갖게 되면서 중지되었다. 2008년 12월에 아이를 출산했고, 공부와 교수에 대한 꿈은 무기한 보류 상태가 되었다.

아이를 낳고 몇 년은 아이를 키우면서 집에만 있었다. 나의 꿈과 생활은 어디에도 없고 오직 아이를 위해서 살아가는 것 같아 마음이 허전했다. 그럴 때마다 나는 아이의 웃음을 위안으로 삼았다.

그런 중에도 문득문득 꿈과 희망이 나를 괴롭혔다. 이렇게 살면 안 될 것 같아 다시 대학원을 알아보기 시작했다. 당시 한국은 미용실이 포화상태로, 대학에서는 미용학과를 줄이면서 미용 교수들도 인원을 줄이는 상황이었다. 결국 나는 미용 교수라는 꿈을 포기해야 했다. 나는 아이를 키우면서 할 수 있는 일이 무엇이 있을지 고민했다.

몇 날 며칠 고민하다 문득 두 번째로 국경을 넘을 때 막연하게 책을 써야겠다는 생각을 했던 기억이 났다. 사실 나는 문학과 거리가 먼 사람이었다. 어려서부터 북한에서 김일성 일가만 다루는 공부를 하기 싫어하다 보니 자연스레 문학과 거리가 멀어졌다. 그런 내가 책을 쓰려고 하니 할 수 있는 것이 없었다.

나는 한국에 들어와서 공부를 많이 했다. 하지만 인문학이나 문학에 대한 강의를 한다고 하면 그때마다 나에게는 필요 없는 강의라고 생각해 매번 외면했다. 그렇게 살아도 별로 불편한 점을 모르던 나는 딸아이가 일곱 살 되던 해 어느 날 갑자기 문학을 배워야 되겠다는 생각을 했다. 나는 한국의 교육문화에 대한 지식이 없는 데다가 문학에 대해 아는 것이 전혀 없었다. 나는 속으로 '아이가 학교에 들어가 숙제를 가져와서 해 달라고 하면 어떻게 하지'라는 생각에 걱정이 되었다. 그래서 딸아이가 학교에 입학하기 전에 독서지도사, 수학지도사 6개월 과정을 수강했다. 강의 내용을 잘 알아듣지 못해도 날마다 빠지지 않고 참석했다. 시간이 흐르면서 조금씩 강사의 설명이 귀에 들리기 시작했다. 조금씩 재미를 붙이고 적응하려고 하는데 어느덧 6개월 과정이 끝나가고 있었다.

그 후 나는 책을 쓰기 위해 수많은 글쓰기 강좌를 이수했다.

하지만 책을 어떻게 써야 할지 점점 더 미궁 속으로 빠지게 되었다. 그때 〈한책협〉 김태광 코치의 《10년 차 직장인, 사표 대신 책을 써라》라는 책을 보게 되었다. 나는 이 책을 보고 바로 〈한책협〉의 〈1일 특강〉을 듣게 되었다. 강의를 듣는 내내 나의 가슴은 뛰었다. "성공해서 책을 쓰는 것이 아니라 책을 쓰고 성공하는 삶을 살아가라."라고 하던 김태광 코치의 말이 나를 움직였다. 그 후 나는 아이를 키우며 글을 쓰는 엄마 작가로 살아가는 첫걸음을 뗐다. 그렇게 작년 8월 초에 나의 첫 저서 《우리가 살아가는 하루하루가 기적이다》가 출간되었다.

책 출간 이후 나는 인생 2막을 살아가고 있다. 나는 지금 전국을 다니면서 꿈과 희망에 대한 강연을 하고 있다. 확실한 꿈과 희망을 가지고 끈을 놓지 않고 그 꿈을 향해 꾸준히 매진한다면 기회는 반드시 찾아온다. 나는 꿈과 희망을 잃고 좌절하는 사람들에게 나의 작은 힘이나마 일조해 그들이 꿈과 용기를 가지고 포기하지 않는 한 도전하면 반드시 성공할 수 있다는 것을 보여 주고 싶었다. 희망을 목말라하고 꿈을 이루고자 하는 사람들에게 희망의 메시지를 전달하는 메신저가 되고 싶었다.

나는 자신이 하려는 일에 한계를 긋는 사람들을 많이 보아 왔다. 꿈을 꾸지 않으면 어떤 일도 일어나지 않을뿐더러 아무것도 이룰 수 없다. 누구나 자신이 하고 싶은 일을 할 때 가장 행복하다. 그때 비로소 최고의 능력을 발휘할 수 있다. 누군가 시켜서 억지로 일을 하게 되면 능률도 오르지 않을 뿐 아니라 쉽게 지치고 금방 포기하게 된다. 꿈이 없으면 어떻게 될까. 꿈이 없다는 것은 삶의 목표나 미래가 없다는 것이다. 또한 희망과 행복도 없다는 것이다. 결국 나 자신이 없다는 것이다. 꿈은 내가 힘들고 지칠 때마다 포기하지 않고 계속 앞으로 나아가게 하는 엔진과 같다. 성공은 태어나는 순간부터 누구에게나 부여된 권리다.

책놀이센터 설립하기

심선민

'자람 책놀이연구소' 소장, 독서지도 전문가, 자기계발 작가, 강연가
아동학을 전공하고 아동교육 관련 분야를 치열하게 공부 중인 9년 차 독서지도 전문가다. 사
람들에게 독서의 중요성과 즐거움을 알려 주고, 부모와 자녀 간의 교육을 통해 행복한 가정을
만들 수 있도록 돕는 메신저로서 소통하고 있다. 또한 최고의 교육자 양성을 목표로 폭넓은
활약 중이다. 현재 영·유아 그림책 육아에 관한 개인저서를 집필 중이다.

E-mail minissam3030@naver.com   **Blog** http://blog.naver.com/minissam3030
C · P 010-5710-3705

남편이 부르는 내 별명은 '책선생'이다. 내가 아이들에게 독서, 논술을 지도하고 있는 공부방 선생이라 지어 준 별명이기도 하지만, 아이가 돌 무렵부터 초등학교에 들어갈 때까지 하루도 빼놓지 않고 책을 읽어 주고 자기계발을 위해 자투리시간에도 책을 읽는 모습을 알고 있기 때문이다. 오늘도 책 속에 빠져 있는 나에게 남편은 "책선생, 또 책 봐? 책으로 하버드 가야 하는데…."라며 비꼬듯이 말하지만 책만 보지 말고 자신과도 놀아 달라는 기분 좋은 투정이라는 것을 나는 안다.

아이를 낳기 전까지 나는 특별한 목표나 거창한 꿈이 있는 사람은 아니었다. 하지만 아이와 함께 책을 읽고 성장하면서 되고

싶고, 하고 싶고, 갖고 싶은 꿈들이 하나둘 생기기 시작했다. 역시 아이를 낳아야 어른이 된다는 어른들의 말씀은 틀리지 않았다.

누구나 비슷하겠지만 초보엄마였던 나는 모든 게 실수투성이였다. 아이를 낳고 5일째 되던 날 젖병을 삶다가 잠이 들어 집에 불을 낼 뻔했고, 아이가 잠을 푹 자지 못하고 30분에 한 번씩 깨는 이유를 알 수 없어 발만 동동 굴렀다. 그때 나의 몰골은 부랑자 수준이었다. 며칠 동안 감지 않은 떡진 머리에 잠을 제대로 못 자다 보니 얼굴은 늘 푸석푸석했다. 아이한테 어떻게든 모유를 먹여 보겠다며 고군분투하다 도저히 안 되겠다며 한쪽 가슴을 풀어 헤친 채 멍하니 분유를 타던 나날들이었다.

《닥치고 군대 육아》의 저자 김선미 작가는 군대에 왔다 생각하고 온몸으로 빡세게 육아를 견디라고 말한다. 오죽하면 육아를 군대에 비유했는지 아이를 키워 본 엄마들은 격하게 공감할 것이다.

아이를 낳으면 저절로 모성애가 생겨날 것 같지만 천만의 말씀이다. 27년간을 내가 중심이 되어 살았던 사람이 아이를 낳는 그 순간부터 아이를 중심으로 삶의 모든 것이 바뀐다. 아이의 신호에 따라 엄마의 모든 리듬이 바뀐다. 어른들이 왜 아이를 낳는 것보다 키우는 일이 더 어렵다고 했는지 뼈저리게 느꼈다.

아이를 낳고 백일 정도가 지나자 엄마라는 삶에 그나마 적응된 것인지 조금씩 마음의 여유가 생기기 시작했다. 그리고 그때부터 아이의 웃는 모습이 눈에 들어오기 시작했다. 책을 읽기 시작했던 것도 그즈음이었다.

내가 진료를 받고 있던 치과는 환자들에게 책을 대여해 주었는데 일주일에 한 번 치과치료를 받으러 가면서 책을 빌려 보는 재미가 쏠쏠했다. 육아 스트레스에서 벗어나 세상과 잠시나마 소통하는 기분이었다. 책은 읽을수록 꼬리에 꼬리를 물고 나를 독서의 세계로 이끌었다. 아이를 키우다 궁금한 점이 생길 때 인터넷 검색이나 카페 글도 도움이 되었지만 실제 아이를 키운 선배맘들이나 전문가들이 쓴 육아서는 육아의 상식을 넘어 엄마로서, 딸로서, 아내로서, 며느리로서 느끼는 다양한 고민을 해결해 주는 지침서였다. 남편이나 시댁 식구들에게 서운한 일이 생길 때면 심리서를 주로 봤다.

독서를 하면서 나의 내면이 성장했고, 타인을 원망하기보다 내가 더 성장하고 발전해야겠다는 생각을 했다. 또한 꿈을 꾸고 실천하라는 메시지를 주는 책들을 보면서 나의 꿈도 조금씩 꿈틀거리기 시작했다. 나에게 책은 새로운 세상의 문을 열어 주는 열쇠였다.

나는 책이 주는 기쁨을 아이에게도 대물림해 주고 싶었다. 아이가 돌이 되던 무렵부터 초등학교 들어갈 때까지 나는 하루도 빼놓지 않고 아이에게 그림책을 읽어 주었다. 8년 동안 아이에게 읽어 준 책은 3,000권 정도에 달한다. 설거지를 하다가도, 청소를 하다가도 아이가 책을 읽어 달라고 하면 설거지를 멈추고, 청소를 멈추고 그림책을 읽어 주었다. 집안 꼴이 엉망인 것은 그리 문제되지 않았다. 아이는 때로는 책으로 집을 짓기도 하고, 책으로 도미노 놀이를 하기도 했다. 책은 어느 날은 징검다리가 되기도 했고, 어느 날은 성이 되기도 했다. 책을 보다 싱크대의 냄비들을 모조리 꺼내 와 악기 삼아 연주하기도 했다. 아이는 브레멘 음악대의 단원이 된 것이다. 또한 어느 날은 손과 발에 물감을 묻혀 손도장, 발도장을 찍기도 했다. 집이 퍼포먼스 미술학원이 되는 순간이었다. 아이는 내가 알려 주지 않아도 온몸으로 실천하는 책 읽기를 하고 있었다. 이제는 나도 실천하는 책 읽기를 해야 할 때였다.

아이를 낳고, 키우는 경험이 없었다면, 그 과정에서 아이와 함께 책을 읽으며 성장했던 경험이 없었다면 선생님이 되어야겠다는 생각은 평생 하지 못했을 것이다. 아이를 낳고 키우면서 독서와 교육의 중요성을 느꼈고 내가 공부한 것들을 나누는 교육자가 되고 싶다는 꿈을 키우게 되었다. 꿈과 목표는 나를 행동하게 만드는 원동력이 되었다.

나는 2008년도에 독서지도사 자격증을 취득하고 공부방을 운영하고 있으며 아이들의 독서, 논술을 8년째 지도하고 있다. 공부를 시작한 이후 2개의 학위, 6개의 자격증을 취득하며 평생 배움을 실천하고 있다. 나의 꿈의 파이를 조금씩 더 키워 가고 있는 것이다.

물론, 워킹맘으로 살아가는 게 쉬운 일만은 아니다. 살림, 육아, 일 모두에서 균형을 잡기란 쉬운 일이 아니며 때로는 슈퍼우먼이 되어야 한다는 강박관념으로 어깨가 무겁기도 하다. 《꿈이 있는 아내는 늙지 않는다》의 저자 김미경 원장은 "여자의 꿈은 남자의 꿈보다 훨씬 더 단단해야만 비와 바람에 꺾이지 않고 승리할 수 있다."라고 말한다. 때론 남편이라는 울타리 안에서 온실 속 화초처럼 살고 싶다는 생각이 들 때도 있었지만 가슴 뛰는 꿈은 나를 행동하게 만들었다. 누군가에게 의지하는 삶이 아닌, 스스로 주체적인 삶을 살겠다고 다짐하며 단단해질 수 있었다.

나는 책과 놀이, 책과 다양한 체험활동이 결합된 책놀이 프로그램을 아이들에게 지도할 수 있는 센터를 만들고 싶다. 실제로 놀이와 체험활동이 결합된 프로그램을 개발해 수업을 하고 있는데 아이들이 너무 즐거워하고 만족도가 높다. 또한 독후활동은 곧 글쓰기라는 고정관념을 갖고 있던 학부모들도 다양한 체험과 활동을 통해 아이들이 책에 흥미를 갖는 모습을 보고 만족해한다. 나는 즐거운 책놀이 수업을 강의할 수 있는 센터를 만들고 전국에서 교사 1만 명을 양성해 전국 방방곡곡이 즐겁고 행복한 책놀이터가 되었으면 좋겠다는 목표를 세웠다.

또 하나의 큰 꿈은 내 이름으로 된 책을 쓰고 싶다는 것이다.

아이를 낳고 12년간 책을 읽으면서, 8년간 아이들에게 독서와 글쓰기를 지도하면서 한 번도 내 이름으로 된 책을 써 봐야겠다는 생각을 해 본 적이 없었다. 그러다 어느 날 문득 '왜 나는 책을 읽기만 하지? 나도 책을 쓰는 사람이 될 수 있지 않을까?'라는 생각이 들었다.

센터를 만들겠다는 꿈은 하나씩 추진 중에 있으며 작가가 되겠다는 꿈은 이 글을 쓰고 있는 순간 이미 이루어졌다. 당신이 이 글을 읽고 있다면 나는 작가의 꿈을 이룬 것이다.

나는 죽을 때까지 배우는 것을 멈추지 않을 것이다. 또한 학생들, 학부모, 가족, 주변 사람들에게 선한 영향력을 전하는 사람이 되고 싶다. 경제적으로 자유로운 사람이 되고 싶으며, 사랑하는 가족들과 행복한 시간을 더 많이 갖도록 노력할 것이다. 그리고 내가 아는 모든 사람들이 기원하는 꿈과 소망이 모두 이루어지기를 간절히 바란다.

책을 쓰고
독서의 중요성 전파하기

강태준

은행원, 아이디어 크리에이터, 동기부여가, 자기계발 작가, 성공학 코치, 청년 멘토, 강연가, 희망 메신저
은행에서 근무 중이며, 끊임없이 닦아 온 자기계발을 통해 얻은 노하우와 경험을 토대로 성공
을 꿈꾸는 사람들의 마인드 코칭 및 컨설팅을 진행하고 있다. 현재 힘든 과정 속에서도 꿈을
잃지 않을 수 있도록 세상의 중심에 서서 꿈을 찾는 성공독서법에 관한 개인저서를 집필 중이다.

E-mail kang1346210@naver.com   **C · P** 010-5238-5623

어린 시절, 나는 학교에서 나름 공부를 잘하는 아이였다. 학교
에 다녀오자마자 가방을 내려놓기 무섭게 숙제를 하고 공부할 만
큼 공부에 열의가 있었다. 공부도 잘했지만 손재주도 남달라서 무
엇인가 고치고 만드는 것을 좋아했다. 그 덕에 '과학상자 만들기
반'에 들어가게 되었다. 과학상자란, 상자 안에 있는 갖가지 도구
들을 이용해 물건을 만들고, 동력장치를 이용해 움직이게 할 수
있는 상자였다. 그곳에서도 나름 실력을 인정받아 전국 과학상자
대회에 나가게 되었고, 입상도 했다.

옛말에 '될성부른 나무는 떡잎부터 알아본다'라고 했던가? 그
런 나의 모습을 지켜본 부모님은 나를 너무 과대평가하셨는지 시

골 작은 학교에 놔두기 아까워하셨고, 큰 결심 끝에 시내 큰 학교로 전학을 보내셨다. 그때부터 나름 비범해 보이던 내가 평범함에 가까워지기 시작했다.

나는 새로운 환경에 적응하기 위해 공부보다는 친구들과 어울리는 것을 택했다. 학교 가는 길에는 우리 동네에서는 접하기 힘든 분식점과 오락실 등 구경거리가 많았고, 자연스레 공부는 뒷전이 되었다. 항상 반에서 1등을 차지하던 내가 점점 뒤로 밀려나고 있었다.

나는 과학자가 꿈이었다. 정말 되고 싶고, 하고 싶어서가 아니라 막연하게 과학자가 꿈이라 생각했다. 성적이 명문대학을 갈 만큼 우수하지 못해 지방 대학의 유전공학과를 가게 되었다. 한 번밖에 없는 청춘을 즐겁게 잘 보내기 위해 대학시절을 열심히 즐겼지만, 미래에 대한 걱정도 있었기에 공부를 열심히 하여 장학금을 받기도 했다.

군대를 다녀온 후 졸업을 앞두고 사회로의 진출을 위해 진로를 결정해야 했다. 어릴 적부터 꿈이라고 여긴 과학자의 길을 가느냐, 이 불경기에 안정적인 직업을 택하느냐 하는 고민 끝에 공무원의 길을 가기로 결정했다. 내가 졸업할 때쯤, 공무원은 인기 직업이었다. 결국 나는 대학을 졸업한 후 우리나라 대표 공무원수험가인 노량진으로 향했다.

처음에는 열심히 1년 정도 공부하면 합격할 수 있을 것이라 생각했는데 공무원이 되는 길은 그리 녹록지 않았다. 요즘은 공무원 준비를 가리켜 고시 준비라 한다. 그만큼 공무원 합격은 하늘의 별 따기가 되어 버린 현실이다. 내가 노량진에서 공부하면서 느낀 것이 있다면, 남들보다 수험서를 더 여러 번 보는 것이 합격에 승산이 있다는 것이었다. 어떻게 하면 더 빨리 더 많이 책을 볼 수 있을까 고민하다가 '속독'을 알게 되었다.

나는 서울 종로의 한 속독학원을 찾아갔다. 상담을 하고 나서 수업비용에 깜짝 놀라고 말았다. 일반적인 한 달 강의료 수준이 아니고 평생회원제로 운영하는 터라 금액이 너무 비쌌다. 늦은 나이에 부모님께 학원비와 생활비를 받아 쓰는 것도 죄송한데 손을 더 벌릴 수가 없었다. 하지만 너무나 배우고 싶었다.

나는 책을 꼼꼼히 정독하는 습관이 있어 책 읽는 속도가 더뎠고, 그 습관이 반복적으로 복습해야 하는 수험공부에도 영향을 미친다고 생각했다. 속독을 배우면 자연히 읽는 속도와 이해 속도도 빨라질 것이고 학습 능률도 오를 것이라고 판단했다.

그래서 누나에게 부탁했다. 속독을 배우고 싶은데 비용이 비싸서 차마 부모님께 말씀드리지 못하겠다고 하니 누나가 투자라 생각하고 학원비를 내주겠다고 했다. 누나도 생활이 넉넉지 않은 걸 알기에 더욱더 미안하고 고마웠다.

그렇게 속독을 배우러 다니기 시작했다. 하루에 몇 시간씩 속독훈련을 하고 책을 읽었다. 그 짧은 시간 읽은 책이 500권 이상은 될 것이다. 학업과 병행하며 배워야 했기에 힘들었지만 즐거웠다. 속독은 나의 삶과 생각 모두를 변화시켰다. 놀라울 만큼 책을 읽는 속도가 빨라진 것은 아니지만 예전에 비하면 적어도 5~10배 정도는 빨라졌다. 속도보다 중요한 것은 책을 보는 데 대한 부담이 없어지면서 책이 좋아졌다는 점이다. 그래서 자연스레 책을 많이 읽게 되었다.

시험이 없는 시기에 우연찮게 친구의 권유로 농협 입사시험을 보게 되었는데 운이 따랐는지 떡하니 붙었다. 솔직히 말하면 일주일 정도밖에 준비하지 못했다. 남들은 은행에 들어가기 위해 1년 이상도 준비한다고 한다. 자랑하려고 하는 말이 아니라 비록 공무원 시험에 합격하지는 못했지만 그동안 했던 공부가 도움이 된 것 같다. 물론 운도 따라 주었다고 생각한다. 그렇게 공무원의 길은 접고, 은행이라는 새로운 길로 가게 되었다. 그리고 이 글을 쓰는 지금까지 이곳에서 직장생활을 하고 있다.

금융권에서 일하다 보니 자연스레 재테크에 관심을 갖게 되었고, 재테크 관련 서적을 많이 보게 되었다. 그렇게 관심을 갖게 된 것이 부동산 투자와 경매였다. 책을 읽으면서 도전하고 싶은 마음과 자신감이 생겨 열심히 공부해 경매로 낙찰도 받게 되었고 아파트 및 빌라 토지까지 내 이름의 부동산을 갖게 되었다. 물론 이

것이 넉넉하게 생활하고 남을 만큼 내게 커다란 부를 가져다준 것은 아니다. 하지만 직장생활을 통해 10년 넘게 저축하고 모아야 벌 수 있는 돈을 벌게 된 것은 사실이다. 책이 내게 꿈을 가져다 주었고 도전하게 했으며 나를 발전시켜 주었다.

책과 독서를 통해 평범했던 나의 모습은 조금씩 달라져 있었고, 지인들은 그런 나를 부러워했다. 속독과 독서가 내 인생의 큰 무기가 된 것이다. 그 뒤로 나는 독서의 힘을 믿는다. 꿈을 키우는 도구가 되며 자신감을 채워 주는 친구가 되고, 지식을 채워 주며, 외로울 때나 힘들 때 위로해 주는 것이 책 그리고 독서다. 난 확신할 수 있다. 평범한 나를 특별하게 만들어 주는 것이 독서라는 것을.

나는 새로운 목표를 정했다. 책을 읽고 지식을 쌓아 갔던 독자의 입장에서, 이제는 책을 쓰는 저자가 되어 보고 싶다. 이 글이 내 목표의 첫 단추인 셈이다. 책을 통해 사람들 앞에 서고 싶고 강연도 하고 싶다. 책 쓰기를 통해 평범한 내가 특별해졌음을 보여 주고 싶다. 단지 돈을 벌고 부자가 되기 위해서가 아니라 누군가의 가슴을 뜨겁게 해 주며 감동을 주는 강사가 되고 싶다. 물론 부자도 되고 싶다. 하지만 가슴 뜨겁게 좋아하는 일을 할 때 부도 따라올 줄 믿는다. 부에 대한 책들을 읽으면서 부자 마인드도 자연스럽게 내 안에 생겨났다.

누군가에게 희망을 주는 강연가가 되고 싶어 나는 책을 쓰기로 결심했다. 이제 시작이다. 시작이 없으면 아무것도 할 수 없다. 실패할지도 모르고, 내 책이 사람들에게 읽히지 않을 수도 있다. 하지만 평범한 내 삶이 조금씩 변해 갔듯이 내 책도 조금씩 변해 가고 내 책을 바라보는 사람들의 시선도 조금씩 변해 갈 것이라 믿는다.

나는 처음에는 열정적이다가 금방 식는다. 책 쓰기도 그렇게 될까 봐 두려운 마음도 크다. 하지만 나는 이제 실패의 두려움과 과거의 습관들을 버릴 것이다. 비록 지금 이 시작이 조금은 어색하고 불완전해 보여도 계속 도전할 것이다. 그리고 영향력 있는 저자가 되고 싶다. 물론 부자도 되고 싶고 멋진 외제차도 끌고 다니고 싶다. 그리고 우스꽝스럽게 여겨질 수도 있지만 난 지금껏 살면서 연예인을 본 적이 거의 없다. 영향력 있는 저자가 되어 행운이 따라 준다면 내가 좋아하는 연예인을 꼭 한 번 만나 보고 싶다.

내가 포기하지 않으면 독서와 책 쓰기는 날 성공시킬 것이다. 이 글을 쓰는 이유가 무엇이냐고 궁금해하는 사람이 있을 것이다. 그것은 바로 평범하기만 했던 나를 꿈꾸고 도전하게 만들고 나의 삶을 풍요롭게 만들어 준 독서를 하라고 권하기 위해서다. 지금까지 그저 시간이 날 때 아무런 목적 없이 책을 읽었다면 이제는 다른 자세로 접근하라고 말하고 싶다. 책은 반드시 당신을 좀 더 나은 삶으로, 당신이 바라는 꿈과 좀 더 가까운 곳으로 데려다줄 것이다.

지금 당신의 모습은 어떠한가? 그리고 앞으로 다가올 5년 후, 10년 후의 당신은 어떤 모습일까? 답답한 마음이 들고 이 질문에 대답을 못하겠다면, 서점으로 가라! 그리고 당신을 변화시킬 책을 사서 읽고 미래를 준비하라. 책은 성공 그 자체는 아니다. 하지만 성공으로 가는 지름길이며 독서하는 사람은 성공의 열차에 승차한 사람이다. 책은 분명 당신을 풍요로운 곳으로 인도해 줄 것이라 확신한다. 당신 인생의 주인공이 당신이 되길 바란다.

애내와 함께
세계일주 하기

전재영

대기업 사내전문강사, 프로젝트 관리 전문가, IT 컨설턴트, 자기계발 작가
중앙대학교에서 경영학을 전공했으며, 학창시절부터 IT에 관심이 많아 KT에 입사 후 현재 미래사업 담당으로 근무하고 있다. 더 나은 내일을 위해 목표를 세워 노력하고 있으며, 전문 강사 및 작가 등 다방면으로 활동하고 있다.

우리 부부는 참 잘 맞는다. 성격은 반대지만, 얼굴이 많이 닮아 친남매 아니냐는 말을 밥 먹듯이 듣곤 한다. 공교롭게도 같은 날 각자 지원한 회사의 입사 합격 통보를 받고 서로 부둥켜안고 축하했던 일 등 우연을 가장한 운명 같은 일들이 생활 곳곳에 숨어 있어 놀랐던 기억도 많다. 요새는 그런 일이 있을 때마다 조상님이 도와주신 덕분이라며 웃어넘기곤 한다.

20대 초반에 아내를 만나 6년간의 연애와 3년간의 결혼생활을 이어 오면서 사소한 다툼과 의견 충돌도 있었지만, 모두 슬기롭게 해결하고 이제는 눈빛만 바라봐도 상대방을 이해할 수 있을 정도가 되었다. 아마 서로를 사랑하고 배려하는 마음이 있었기에 가능한 일이 아니었나 싶다.

이렇게 찰떡궁합인 우리 부부도 눈코 뜰 새 없이 하루하루를 바쁘게 살아가다 보면 문득 보람 있게 잘 살고 있는 것인지 고민할 때가 있다. 남들은 모두 부러워할 만한 안정된 대기업을 다니고 있지만, 다람쥐 쳇바퀴 돌듯이 매일 똑같은 하루를 보내면서 한 번밖에 없는 청춘과 인생을 너무 돈이라는 물질적인 조건에만 가두고 허비하고 있는 것이 아닌지 하는 생각에 잠기게 된다. 그렇게 생각이 많아지고 일상에 지칠 때마다 우리에게 힘이 되어주는 것은 함께 떠났었던 여행에 대한 추억이다.

술도 잘 마시지 않고 사람 만나기를 좋아하는 우리 부부가 연애할 때부터 가장 좋아하는 취미는 여행이었다. 그중 가장 기억에 남는 것은 유럽으로 떠난 신혼여행이다. 우리는 직접 계획을 짜고 경험해 봐야 기억에 더 남는다는 생각으로, 자유여행을 실행에 옮겼다. 총 9박 10일간 유럽 서부를 여행했다. 너무나 아름다웠던 베니스의 야경, 하루 종일 길을 헤매 다리가 아프고 힘들었지만 모든 걸 잊을 만큼 멋있었던 에펠탑의 전경, 경외감을 불러일으켰던 로마 경기장과 시내 등 유럽의 풍경이 아직도 눈에 선하다. 특히 베니스의 작은 가게에서 먹었던 조각 피자 맛은 잊을 수 없다고 우리끼리 이야기하곤 한다.

우리 부부는 1년에 한 번 이상은 해외여행을 떠나기로 결정했다. 여행이 취미가 된 지금은 국내는 돌아보지 않은 곳이 없을 정도로 전국 방방곡곡을 여행했고, 결혼생활 3년 동안 유럽과 두바이, 싱가포르와 보라카이 그리고 미국 등 많은 나라를 경험했다. 물론 그만큼 저축은 많이 하지 못했지만, 돈보다 더 소중한 추억을 많이 얻었기 때문에 조금의 아쉬움도 없다.

여행의 어떤 점이 우리 부부를 이렇게 행복하게 해 주는 것일까? 여행이라는 단어만 들어도 힐링이 되는 기분을 느낄 수 있다. 어렸을 적 소풍 가기 전날 밤 설렘에 잠을 설쳤던 기억은 누구나 가지고 있을 것이다. 반복된 일상에서 벗어나 새로운 곳과 문화를 마주하게 되었을 때 긍정적인 긴장감을 가득 느낄 수 있고, 혹여 여행 중 어려움이 닥치더라도 힘을 합쳐 해결해 나가면 서로에 대한 의지와 믿음이 더욱 커진다. 여기에 마음이 맞고 사랑하는 사람과 함께할 수 있다면 그 행복은 갑절이 된다.

하지만 사람의 욕심은 끝이 없다고 누가 말했던가. 1년에 한 번 이상 해외여행을 하고 있는 우리에게도 아쉬운 점이 있다면, 유명한 나라와 관광지만 돌아보는, 말 그대로 겉핥기식 여행이라 그 나라 현지인의 생활과 문화를 더 많이 체험하지 못했다는 것이었다. 즐거운 시간은 빨리 지나가 버리는 심리적 효과처럼 10일 이내의 여행 일정은 총알같이 지나가 눈을 떠 보면 어느 새 귀국하는 비행기에 몸을 싣고 있었다. 다음 날 출근할 것을 걱정하는 작은 스트레스는 항상 따라오는 덤이었다. 모든 직장인의 비애라고도 할 수 있을 것이다.

그래서 우리 부부는 한발 더 나아가 미래의 도전 목표를 정하게 되었다. 우리는 올해 각각 서른세 살, 서른 살이다. 앞으로 7년 후인, 내가 마흔 살이 되는 2024년에 6개월에서 1년 동안 세계일주를 떠나기로 계획했다. 누구나 꿈꾸지만 실제로는 아무나 떠나지 못하는 세계일주이기 때문에 더욱 기대가 된다.

말 그대로 청사진을 그려 놓은 계획일 뿐 실제 실현시키기 위해서는 많은 제약을 이겨 내야 할 것이다. 아직은 아이가 태어나지 않아 둘만의 신혼을 즐기고 있지만, 우리 둘을 닮은 아이가 태어나게 된다면 지금처럼 여행을 다니고 데이트를 즐기는 것도 힘들어질 것이다.

일단 세계일주의 실행을 위해 직장은 그만두지 않고 계속 다닐 것이다. 여행비도 충당해야 하고 아이도 키워야 하니 말이다. 관건은 직장인이 6개월에서 1년 동안의 여유기간을 어떻게 마련하느냐다. 그에 대한 해결 방법으로, 나는 입사 10년 차에 주어지는 리프레시 휴가를 쓰고 아내는 육아휴직을 쓸 생각을 하고 있다. 생각보다 아이가 일찍 태어나 함께 여행을 갈 수 있을 정도가된다면 셋이 함께하는 더욱 완벽한 여행이 될 것이다.

사랑하는 이의 손을 잡고 세계일주를 하는 것만큼 멋진 일이

전재영

있을까? 예정된 시간도 없고 정해진 경로도 없다. 아시아와 중동을 거쳐 스페인 산티아고의 순례길을 함께 걸으며, 힘겨움을 이겨내고 아이슬란드에서 오로라를 보면서 잠이 들 것이다. 또한 지중해를 크루즈 여행 하고, 아프리카에서 일일 봉사를 하며, 나눔을 배우고 올 것이다. 생각만 해도 벌써부터 흥분되고 행복하다.

세계일주 경험은 일상에 복귀해서도 더 진취적이고 항상 긍정적인 마인드로 생활할 수 있게 해 주는 원동력이 되어 줄 것이다. 여기에 자그마한 소망을 덧붙이자면 세계일주 동안 우리의 눈에 담았던 사진과 에피소드를 책으로 출판해 훗날 가족과 아이에게 보여 주며 기념하고 싶다.

예전에는 행복이라는 의미를 정확히 알지 못했다. 남자는 결혼하기 전에는 애 같다고 하듯이, 3년 전까지 나는 나를 위해서만 살아왔다. 아내를 만나 결혼하면서 사랑하는 사람을 배려하고 위해 주는 것이 얼마나 행복한 일인지 깨달았다. 이 자리를 빌려서 아내에게 고마운 마음을 전하고 싶다. 나라는 부족한 사람을 한없이 믿고 따라와 준 아내를 평생 사랑할 것이다. 지금 이 순간 내 곁을 지켜 주는 부모님과 가족이 있기에 나는 오늘도 내일도 힘을 내어 달려 나갈 것이다.

노블레스 오블리주
실천하기
—
김미정

'(주)지강투자법인' 대표, '은퇴창업연구소' 코치, 가치변화 메신저, 동기부여가, 자기계발 작가
자기계발을 통해 가치를 변화시키고자 행복하게 글을 쓰는 중이다. 더 나은 미래를 위해 변화
를 원하는 모든 이들과 인생의 경험을 나누고 있다. 의식을 공유하는 가치변화 메신저와 은퇴
창업연구소 코치로 활동 중이다. 현재 은퇴준비를 위한 개인저서를 준비 중이다.

E-mail pre-retire@naver.com　　　　**Blog** http://blog.naver.com/pre-retire
Kakaotalk ID 1004coaching

　　은퇴준비 코치인 나는 몸과 마음이 건강하고 활기찬 은퇴 후
를 목표로 한다. 평생 현역을 꿈꾸며 하나씩 준비해 나가는 중이
다. 독서와 글쓰기를 병행하던 중에 강철왕 앤드루 카네기의 이야
기를 알게 되었다.

　　앤드루는 어려웠던 가정형편 때문에 어릴 때부터 집안을 도왔
다. 여러 가지 일을 마다하지 않고 똑똑하고 성실하게 해냈던 앤
드루는 상급자들 눈에 띄어 승진은 물론 더 큰 회사에 발탁되어
어린 나이에 철도회사 감독관까지 하게 되었다. 그리고 나무로 만
들었던 다리가 부러지면서 하게 된 철교사업을 시작으로 철과 인
연을 맺게 된다. 그는 노동자들과 문제가 생길 때마다 대화로 의

견을 조율했다. 부러지는 주철에서 휘어지는 연철, 이후에 강철의 시대가 올 것을 미리 예감한 카네기는 사업을 확장해 큰 이익을 남겼다. 전쟁으로 경제가 불황이었음에도 직접 은행을 찾아가 사업의 재무현황을 보여 주며 적극적인 지원을 끌어내었다.

가난해서 학교도 제대로 다닐 수 없었던 카네기는 전신국 전보원으로 일했다. 당시 제임스 앤더슨 대령이 도서관을 지어 배움이 필요한 사람들에게 무료로 도서관을 개방했다. 그 도서관에서 책을 빌려 공부를 이어 나가던 카네기는 언젠가는 앤더슨 대령처럼 도서관을 지어 나눔의 삶을 실천하고 싶다고 생각했다. 그 후 33세에 은퇴계획을 세우고 부자의 사회적 책임에 관해 고민했다. 연 수입 5만 달러를 제외하고 재산을 기부하기로 했지만 그 결심은 30년이 지난 뒤에야 본격적으로 이루어졌다. 시기는 늦었지만 그만큼 돈은 더 불어나 있어 카네기가 세운 도서관은 전 세계에 모두 2,811개나 되었다. 이외에도 평생 벌어들인 돈의 90%를 사회에 환원하고 남은 인생 동안 기부와 사회사업에 전념했다.

우리는 뉴스를 통해 유명인들의 기부 소식을 듣는다. 워런 버핏, 빌 게이츠, 성룡, 김장훈, 션과 정혜영 부부 등이다. 그들 외에도 많은 사람들이 기부문화에 동참하고 있다. 우리 부부도 아주 적은 금액이지만 기부를 실천하고 있다. 평생 실천하자는 생각에 아주 적은 금액으로 시작했기 때문에 기부한다고 말하기도 부끄럽다. 매달 1만 원을 통장으로 이체하는 것인데 친정엄마로부터 시작되었다.

엄마는 사정이 딱한 어린이들을 위해 매달 1만 원씩 기부단체에 이체하셨다. 10년 이상을 해 오던 것이었지만 요즘 장사가 너무 안 된다며 이체하던 것을 그만두셨다. 그때는 걱정이 먼저 앞섰다. '1만 원이 절실한 아이는 어쩌나.' 그래서 결심했다. '1만 원을 기부하되 중간에 그만두지 말고 끝까지 하도록 하자.' 나는 남편과 상의해 이체를 시작했다. 그 돈은 어린이들의 배움을 위해 잘 쓰이고 있다고 믿고 있다.

부산과 가까운 거리에 신라 천년의 고도 경주가 있다. 경주에는 대대손손 부자로 유명했던 집이 있다. 바로 경주 최부잣집이다. 400년 동안 9대 진사와 12대 만석꾼을 배출한 집이다. 무려 400년 동안이나 부자로 살았다니 정말 놀랍다. 어떻게 하면 부를 오랫동안 유지할 수 있을까? 최부잣집의 집안을 다스리는 덕목을 알아보았다.

1. 과거를 보되 진사 이상의 벼슬을 하지 마라.
2. 만석 이상의 재산은 사회에 환원하라.
3. 흉년기에는 땅을 늘리지 마라.
4. 과객을 후하게 접대하라.

5. 주변 100리 안에 굶어 죽는 사람이 없게 하라.
6. 시집온 며느리들은 3년간 무명옷을 입어라.

최부잣집은 일본 식민지 시절에도 여러 애국지사들을 도우며 해방의 발판을 마련했다. 해방이 되고 교육의 필요성을 절실히 느낀 최부자는 모든 재산으로 영남대학을 설립해 후학을 양성했다.

"큰 부자는 하늘이 내고 작은 부자는 사람이 낸다."라는 말이 있다. 성실하고 열심히 노력하면 누구나 부자가 될 수 있다는 말이다. 맞다. 누구나 부자가 될 수 있다. 하지만 어떤 나눔을 어떻게 실천했느냐에 따라 이름난 부자의 여부가 갈린다.

아너 소사이어티(Honor Society)는 사회복지공동모금회가 2007년 12월 설립한 개인 고액기부자 클럽이다. 일시 또는 누적으로 1억 원 이상의 기부금을 기부한 개인 기부자가 정회원이 된다. 우리가 알고 있는 유명인들도 많고 일반인들도 차츰 아너 소사이어티의 회원이 되고 있다. 그만큼 우리나라가 선진국의 반열에 들어섰다는 의미이기도 하다. 물론, 아너 소사이어티의 회원만이 대단한 것은 아니다. 재능기부, 땀기부, 정성기부, 디지털기부 등을 통해 나눔을 실천하는 우리 이웃들도 많다. 최근에 개인 기부자들이 많이 늘어나는 추세이기는 하지만 아직 선진국에 비해서는 비율이 꽤 낮다. 좀 더 늘어나기를 바라는 마음이다.

제2의 도약을 꿈꾸는 나는 작가의 길을 시작으로 다시 걸음마를 시작했다. 혼자보다는 부부가 같이하면 시너지가 더욱더 커지리라 믿는다. 아들에게도 강요는 하지 않겠지만 본보기가 되는 부모이고 싶다. 강요는 안 되지만 권유는 괜찮지 않을까.

나는 주어진 일을 성실하게 수행하며 부와 명성을 쌓을 것이다. 도움이 필요한 이들과 에너지를 주고받으며 함께 성장해 나갈 것이다. 10년 안에 지금 쓴 글을 다시 보며 아너 소사이어티의 정회원이 되어 있을 우리 부부를 꿈꾼다.

더불어 평생 현역으로 일하면서 향후 30년간 열심히 벌어 기부와 사회사업으로 나눔을 실천하는 사람이 되자고 다짐한다. 내가 성실히 일해 벌어들인 돈으로 도서관을 짓고 학교를 세운다면 얼마나 뿌듯하고 명예로울까? 생각만으로도 가슴이 벅차오르고 행복하다. 자랑스러운 대한민국 국민의 한 사람으로서 누린 행복을 다른 이들과도 나누고 싶다. 받는 것보다 주는 것이 더 행복하다는 말은 익히 들어 알고 있다. 주는 것이 진정으로 행복한 노블레스 오블리주의 삶을 영원히 실천하고 싶다.

직장인
자기계발 코치로 성장하기

이준희

동기부여가, 강연가, 성공학 메신저, 자기계발 작가
25년 차 직장인으로, 자신만의 꿈을 찾아 특별한 삶을 살아가도록 도움을 주는 사람을 모토로
삼고 있다. 책 쓰기를 통해 꿈맥을 찾고 이루고자 하는 가치 있는 삶을 살고 있다. 강연활동과
꿈맥 친구들과의 교류를 통해 꿈을 가꾸는 삶을 지향한다. 현재 직장인을 위한 자기계발 개인
저서를 집필 중이다.

E-mail Ljunhee1@naver.com

직장인 대부분은 11~12월이 제일 바쁠 것이다. 1년을 마무리
하고 내년 사업계획을 준비해야 하는 시기이기 때문이다. 물론 상
반기가 지나고 나면 경기를 예측해 사전 준비를 하는 경우가 많
다. 이렇게 매년 회사에서는 1년 단위 또는 5~10년 단위로 미래계
획을 세우고 회사가 나아가야 할 방향을 준비한다.

나는 직장에서 지금 2020년을 준비해 회사가 가고자 하는 비
전을 제시하고 계획을 세우고 있다. 비전이 제시되면 각자 맡은
부서가 세부 추진 내용을 준비해 나간다. 회사는 생존을 위해 조
직적으로 미래를 예측하고 계획을 수립한다. 하지만 정작 조직에
속해 있는 직장인 개인이 성장하기 위해 어떤 목표를 가지고 있는

지 묻고 싶다.

요즘 취업준비생들은 치열하게 취업을 준비한다. 경기 악화로 인해 매년 신규 채용이 줄고 입사 경쟁률이 높아졌기 때문이다. 채용 인원이 감소하니 회사에서도 이왕이면 스펙이 좋고 인성이 바른 인재들을 선택적으로 채용하고 있다. 그러다 보니 취준생들의 스펙은 점점 더 좋아지고 있다. 이런 과정을 거쳐 회사에 입사한 우수한 인재들이 스스로 업무를 처리하기 위해서는 최소 3~4년의 기간이 필요하다. 많은 직장인들이 이렇게 회사생활을 시작했을 것이다.

입사 초기에 가졌던 꿈이나 자신만의 목표를 기억하는가? 회사에 적응하고 바쁜 일들을 처리하느라 입사 초기에 가졌던 목표와 열정은 어디론가 사라지고 현재에 만족하며 살아가고 있지는 않은가? 꿈이나 목표는 지도와 같은 역할을 하는 것이다. 내가 가고자 하는 방향을 정확히 알고 출발한다면 다소 힘들고 어렵지만 목표에 도달할 수 있다. 회사에서도 정확한 목표 없이 일한다면 어떤 일이 효율적이고 비효율적인지를 판단할 수 없을 것이다. 가끔은 하지 않아도 될 일을 효율적으로 하기 위해 많은 시간이 소요되는 경우도 생긴다.

오랜 직장생활을 해 온 나 또한 이런 시절이 있었다. 나는 다행히 멘토를 만나 좀 더 적극적으로 직장생활을 할 수 있었고 꿈을 위해 어떻게 살아갈 것인가를 고민하면서 살아가고 있다.

나는 23년간 직장생활을 하면서 힘들고 실패했던 경험과 행복하고 열정적으로 도전했던 경험을 직장인들과 공유하고 싶다. 힘들고 어려울 때 힘이 되어 준 멘토가 있었기에 포기하지 않고 지금까지 잘 견뎌 왔다. 나 또한 직장인들의 멘토가 되어 조금이나마 힘이 될 수 있기를 바라며 직장인 자기계발 코치로 나아가고자 한다.

배움의 방법에는 두 가지가 있다. 첫째, 자신이 살아가면서 체험하게 되는 직접경험, 둘째, 책을 읽거나 선배들에게서 듣는 간접경험이다. 많은 직장인들이 배움의 중요성을 마음속으로 생각하고 있지만, 바쁜 업무와 지친 일상 때문에 미루게 되는 경우가 많다. 현업이 바빠 배울 시간이 없다는 것은 자기합리화를 위한 핑계에 불과하다. 자신의 미래를 위해 과연 어떤 준비를 하고 있고, 얼마나 배움에 대한 열정이 있는지 생각해 보자.

나는 말단직에서 사원, 대리, 과장을 거쳐 팀장이 되었다. 팀장은 중간 위치에서 상하로 업무를 원활하게 조율하는 역할을 하는 자리다. 내부에서는 직원들과 업무적으로 소통하고, 위로는 임원과 사장님과도 원활한 소통을 통해 업무를 풀어 가야 한다.

인간관계는 서로의 마음을 말하지 않으면 아무도 알 수 없다. 회사에서도 마찬가지로 자신이 하는 일을 정확히 보고하지 않으면 놀고 있는 직원으로 낙인찍힌다. 일을 열심히만 하는 직원이 많다. 성과를 내기 위해 열심히 일해야 하는 것은 당연하지만 열심히만 해서는 안 된다. 열심히 하는 것은 기본이고 잘해야 한다. 성과를 만들어 내야 된다는 말이다.

직장인들이 일을 하면서 간과하는 것 중 하나가 보고를 놓치는 것이다. 본인이 하는 업무를 급하다는 핑계로 먼저 선진행하고 완료한 뒤에 보고하는 경우가 가끔 발생한다. 아무리 급한 일이라도 선보고 후에 업무를 처리하고 중간중간 간단히 보고하는 습관을 길러 나가야 된다.

요즘처럼 통신 매체가 발달한 시대에 문자나 메신저로 진행 사항을 간단히 보고하고 업무를 진행한다면 상하관계의 소통이 원활해질 것이다. 아무리 급한 일이라도 일단 유선으로 통화하고 나서 진행한다면 서로에 대해 좀 더 신뢰를 가질 수 있을 것이다.

최근에 있었던 나의 경험을 말해 보고자 한다. 내가 속한 부서는 회사의 설비 및 유틸리티를 담당하고 있다. 전기나 용수를 공급하고, 안정적인 생산을 위해 설비를 유지·보수하는 부서다. 회사는 주간/야간으로 생산을 하고 있다. 안정적인 생산 활동을 위해 상시 순회 점검과 예방 점검을 하지만 가끔 설비나 유틸리티 공급에 문제가 발생하는 경우가 있다. 갑자기 설비 고장이나 문제가 발생하면 신속히 설비를 고치는 것이 최우선이다. 단순 고장이 아니라고 판단되면 긴급히 상급자나 팀장에게 연락을 취해야 한다.

이준희

그렇지만 이런 과정을 무시하고 장시간 수리한 후 보고가 올라오는 경우가 발생했다. 문제가 발생한 것을 역으로 타 부서로부터 보고받았다. 새벽에 문제가 생겨 나는 해당 부서의 팀장으로서 긴급 상황을 수습하기 위해 현장 상황을 파악했다. 그리고 바로 현상과 원인을 파악해 담당 임원에게 메시지를 보냈다. 회사에 출근하면서 조치 및 수리완료 사항을 유선 통화로 간단히 보고드렸다.

　　2시간 뒤 생산라인은 정상 가동되었다. 2시간 동안 3~4번 정도의 간략 보고를 하면서 상사가 궁금하게 생각할 수 있는 사항을 지속적으로 공유했다. 신속한 보고를 통해 부서 인원들이 최선을 다하고 있다는 신뢰를 심어 줄 수 있었다. 그리고 회사로 들어와 상황 파악을 하고 나서 추후 동일한 문제가 발생하지 않도록 후속 조치를 준비해 별도로 보고했다. 모든 상황을 정리하고 나서 담당자를 불러 보고의 중요성과 방법에 대해 설명해 주었고 좀 더 안정적인 예방 보전 활동에 최선을 다해 줄 것을 지시했다.

　　책을 통한 간접경험은 정말 많은 도움이 된다. 책을 읽는다는 것은 다른 사람의 삶을 간접적으로 경험하는 것이다. 타인의 성공이나 실패 경험을 내 삶에 접목하면 좀 더 신중하게 계획을 세울 수 있다. 특히 직장생활을 처음 시작하는 신입사원들은 어려운 점이 수없이 많을 것이다. 이럴 때 책에 녹아 있는 선배들의 많은 경험을 습득한다면 좀 더 안정적인 직장생활을 할 수 있을 것이다.

책을 통해 긍정의 힘과 정확한 사고 판단을 조금씩 만들어 갈 수 있을 것이다. 시간이 없다는 핑계는 그만두고 내 인생을 바꾸어 줄 책을 열정적으로 읽고 일을 해낼 수 있는 방법을 연구해 나가야 할 것이다.

나는 30대 시절 멘토의 권유로 책을 읽기 시작했다. 처음에는 책 읽는 습관이 들지 않아 책만 보면 잠이 왔다. 그래서 책을 꾸준히 볼 수 있는 방법을 연구했다. 내가 좋아하는 재테크 책 또는 단번에 읽을 수 있는 아주 얇은 책을 읽다 보니 조금씩 책 읽는 습관이 만들어졌다. 당신도 지속적인 책 읽기 습관을 통해 많은 정보를 얻기 바란다.

나는 나의 목표 중 하나인 '자기계발 베스트셀러 작가 되기'를 위해 열심히 노력 중이다. 직장인 자기계발 코치로 발돋움하는 것이 2017년 목표다. 보통 회사에서는 각자의 직급에 맞는 교육을 받도록 하고 있다. 자기계발이나 업무 스킬 향상을 위해 교육을 실시하는 경우가 많다. 매번 이런 교육에 참가하면서 언젠가는 나도 자기계발 코치가 되고 싶었다. 2017년 사내 강사 교육을 통해 나의 강사 스킬을 준비해 나갈 것이다. 또한 팀장이 되기까지 겪었던 시행착오를 후배들이 답습하지 않기를 바라는 마음을 후배들에게 전하고 후배들과 함께 발전해 나갈 수 있기를 기원한다.

평범한 사람들을 위한
라이프 매니지먼트사 설립하기

김진형

진로 컨설턴트, 은퇴전략 메신저, 과학 강사, 자기계발 작가
10년간 SW 프로그래머로 근무하다 퇴사하고 현재는 은퇴 컨설턴트로 활동하고 있다. 진정한 삶을 위해 새로운 꿈과 진로를 개척하는 동시에 그간의 경험을 나누는 메신저로 제2의 인생을 살고 있다. 저서로는 《10년차 직장인 은퇴 공부법》, 《보물지도6》, 《또라이들의 전성시대》등이 있다.

국내 3대 연예기획사로 SM, YG, JYP 엔터테인먼트를 꼽을 수 있다. 연예인으로 성공하려면 소속된 연예기획사의 역할이 매우 중요하다. 일반적으로 소속사라고 하는데 개인의 역량과 함께 이 소속사의 능력이 유명 연예인을 만드는 데 큰 역할을 하기 때문이다. 소속사에서는 긴 시간 연습생들을 훈련하고 다듬는다. 그들의 재능을 끌어내고 세상이 반할 만한 인재로 만들어 낸다. 그래서 연예인 지망생들은 유명 소속사에 들어가기 위해 애쓴다.

그렇다면 일반인은 어떠한가? 잘되고 싶고 성공하고 싶지만 대부분은 혼자의 능력으로 해내야 한다. 요즘엔 멘토링을 해 주는 사람들도 많이 생겨나고 있지만 지속적인 관리를 받기는 어렵다.

그리고 사람이 살아가는 데는 사회적인 성공만이 중요한 것이 아니다. 성인이 되어 나이는 먹었지만 겉만 어른이고 속은 아직 아이인 경우가 많다. 회사업무는 잘해 나가지만 그 이외의 경우에는 어떻게 대처해야 할지 몰라 방황하는, 미숙한 어른들이 생각보다 많다.

나는 그런 사람들이 삶을 허비하지 않고 최대한의 삶을 누리며 살아갈 수 있도록 도움을 주고 싶다. 나의 첫 책인 공저《보물지도 6》에서도 언급했던 가족비전센터와 연결되는 소명이다. 내가 소명을 깨닫게 된 것은 부끄럽지만 최근이다. 책을 쓰기 시작하면서부터 하고 싶은 일을 계속해서 스스로에게 묻게 되었고 그 가운데 중복되는 부분을 발견할 수 있었다. 바로 다른 사람의 삶을 잘되게 해 주고 도움을 주고 싶다는 것이다. 이전까지 나는 주로 가족에게만 이런 소명을 품어 왔다. 그리고 가족이라면 누구나 이렇게 할 것이라고 생각했고 내가 특별하다고 생각하지는 않았다. 하지만 주변을 돌아보니 나와 같이 체계적으로 도움을 주는 사람은 거의 없었다.

예를 들어 보자. 나에게는 두 살 아래의 여동생이 있다. 동생은 10여 년 전 전문대를 졸업하고 한 중견기업에 취업했다. 나는 당시 동생에게 4년제 대학에 편입할 것을 권유했다. 학비를 대 주겠다고 하면서까지 말이다. 당시 동생은 집안 사정 때문에 급하게 취업한 상황이라 다니고 있는 직장이 마음에 들지 않는 상태였다. 또한 회사의 주변 환경이 좋지 않아 호흡기질환이 끊이질 않았다. 어머니는 직장생활에 만족하라며 반대했지만 동생은 내 뜻에 부응해 4년제 대학 불문과에 편입했다. 나는 경제나 경영 관련 학과를 복수 전공하거나 부전공하라고 조언했다. 지금도 그렇지만 그 당시에도 어문계열 학과는 취업이 어려웠기 때문이었다. 동생은 내 조언에 따라 경영학과를 복수 전공했고 나에게서 지속적인 동기부여를 받았다.

나 스스로도 동기부여라는 용어를 잘 모르던 때였다. 하지만 행동과 조언 그리고 비전을 제시해 가며 동생을 이끌었다. 나의 기대보다 동생은 더 열심히 공부했고 과에서 수석과 차석을 반복하며 장학금을 받았다. 나는 내가 이룬 성취보다 더 기뻤다.

동생은 대학 졸업 후 외국계 은행에 취업했고 국내 은행으로 이직해 일하다가 결혼과 출산으로 인해 퇴사했다. 이후 한동안 육아에 전념하며 전업주부로 지내던 동생은 2년 전 나의 조언으로 부동산 중개사에 도전했다. 언니의 조언으로 더 좋은 삶을 경험해 보았던 동생은 두말 않고 실행해 최근 2차 시험까지 최종 합격했다.

내가 동생에게 부동산 중개사를 권한 이유는 동생의 상황을 봤을 때 유리한 점이 있기 때문이었다. 부동산 중개사를 한다고 하니 너무 흔하고 포화상태라고 주변에선 말이 많았지만 자세히 분석해 보니 오히려 안 하면 아쉬울 만큼 주변 여건이 좋았다. 동생은 합격한 뒤 스스로 무언가를 깨달았는지 공부할 거리를 찾아 자신만의 강점을 만들어 가고 있다.

나는 앞으로도 동생을 위한 계획을 가지고 있다. 스스로 잘해낸다면 더 이상 도울 일은 없을 것이다. 하지만 나는 작가이자 1인 기업가가 되었고 퍼스널 브랜딩과 마케팅의 중요성을 알게 되었다. 조언해 줄 일이 넘쳐 난다. 이렇게 10여 년 전부터 나는 전략적으로 동생을 돕고 있었다.

누군가의 삶을 더 나아지도록 도와주는 일은 메신저의 소명이다. 나는 삶을 마음껏 살고 원하는 삶으로 만들어 가도록 돕는 일에 희열을 느낀다. 이런 소명을 가진 메신저들이 모여서 회사를 만든다면 그것이 라이프 매니지먼트사의 시작이 될 것이다.

나의 주요 고객은 은퇴자들이다. 그중에서도 젊은 은퇴자들이다. 정년을 채우지 못하고 40대 초·중반에 회사를 나와 제2의 인생을 시작해야 하는 사람들이 가진 고민을 잘 알기 때문이다. 경제적인 문제, 자녀의 교육문제, 가족관계의 문제 그리고 스스로의 문제 등 나도 비슷한 일을 겪었고 현재까지 경험하고 있기도 하다. 또한 이 세대가 흔들리면 윗세대와 아랫세대 모두 흔들린다. 부양해야 할 부모님과 보살펴야 할 자식들을 위해 반드시 살아남아야 하고 잘되어야 하는 사람들이 바로 그들이다.

연예인 매니지먼트와 달리 라이프 매니지먼트는 개인의 주도성을 항상 우위에 둬야 한다. 그리고 경제적인 부분과 정서적인 부분에서 양질의 교육과 콘텐츠를 제공할 것이다. 현재 내가 운영하고 있는 은퇴코칭연구소에서는 경제적인 부분을 주로 다루고 있다. 회사 밖에서 성공할 수 있도록 평생의 업을 찾아내고 자신의 가치를 향상시켜 최고의 삶을 누리도록 돕는 것이 현재의 목표다.

길어진 인생만큼 성취에 대한 욕구, 그리고 행복하고자 하는 욕구는 늘어났다. 하지만 경제상황은 반대로 점차 악화되고 있다. 인간의 존엄성조차 지킬 수 없는 한계상황에 몰린 빈곤노인들을 보며 경각심을 가져야 할 것이다. 우리나라 노인의 절반가량이 빈곤층이다. OECD 가입 국가 가운데 1위다. 빈곤율뿐만 아니라 노인 자살률 또한 1위다. 현재 30~40대가 노인이 되었을 때는 그 비율이 더욱 늘어날 것이 뻔하다.

삶은 매우 소중하다. 그리고 한 사람 한 사람이 모두 가치를 지니고 있다. 자신의 가치를 제대로 파악하고, 이것을 기반으로 삶을 재정비해야 한다. 백세시대의 삶의 방식은 이전과는 확연히 다르다. 은퇴 뒤 또 한 번의 삶을 준비해야 한다. 건강과 체력이 젊었을 때와는 완전히 다른 상태인데 아직 결승선까지는 많이 남아 있다. 지치지 않고 포기하지 않도록 지속적으로 에너지를 공급

받아야 한다. 또한 마인드 컨트롤이 중요하다. 옆에서 누군가 지지를 보내 주고 확신을 심어 주어야 완주가 가능하다. 이것이 내가 생각하는 라이프 매니지먼트사의 소명이다.

"긴 인생은 충분히 좋지 않을 수도 있다. 그러나 좋은 인생은 충분히 길다."

벤저민 프랭클린의 말이다. 당신의 인생을 좋은 인생으로 만들어 완주에 성공하길 바란다. 그리고 그런 인생을 누리다 마지막 날을 맞이했을 때 만족스러웠던 인생을 회상하며 기쁨으로 천국에 이르기를 바란다. 나는 언제나 당신을 응원한다.

특별한 인생을 살도록 도와주는
자기경영 코치 되기

이종서

'자기경영 승리연구소' 대표, 직무스트레스 관리사, 이 · 퇴직 컨설턴트, 자기계발 작가, 북 코치,
1인 기업 코치, 심리상담가, 기업 강연가
네이버 카페 '자기경영 승리연구소'를 운영하며 평범한 직장인들도 특별한 인생을 살아가도록
돕고 있다. 저서로는 《나는 더 이상 회사에 휘둘리지 않기로 했다》, 《되고 싶고 하고 싶고 갖고
싶은 38가지》 등이 있으며, 현재 직장인들을 위한 자기계발 기획도서 시리즈를 집필 중이다.

E-mail js_0916@naver.com
Cafe http://cafe.naver.com/caroline0
Instargram ljs0916
C · P 010-6249-0148

Blog http://blog.naver.com/js_0916
Kakaotalk ID jslee0916
Facebook sanghojuui

"너는 왜 그렇게 피곤하게 살아?"

직장인 친구들이 내게 묻는 단골 질문이다. 내가 직장생활 외
에도 시간을 쪼개서 여러 대외활동을 하고 있기 때문이다. 직장
인 자기계발 동호회를 3년째 운영하고 있으며, 심리상담가, 독서모
임 운영자, 멘사 기능성 게임대회 심판도 맡고 있다. 출근 전 새벽
에는 글을 쓰고 낮에는 직장생활, 저녁에는 직장인들과 함께하고
싶은 여러 프로그램들을 기획하고 있다.

남는 시간을 쪼개 대외활동을 하게 된 이유는 단순했다. 바쁘
게 살고 싶었다. 20대 말미에 잊고 싶은 사건을 겪으면서 마음속

에 트라우마가 생겼다. 바쁘게 살지 않으면 아픈 기억들이 생각나고 힘들었다. 그때부터 막연히 바쁘게 살자고 마음먹은 것이 자기관리와 자기계발로 이어졌다. 이러한 경험들을 다른 직장인 친구들과 나누고 그들을 이끌어 주고 싶어 직장인 관련 힐링 프로그램을 기획하기 시작했다. 이러한 많은 활동들의 경험치가 쌓이다 보니 일반 직장인이 가질 수 없는 경쟁력을 갖출 수 있었다.

내가 바쁜 직장생활을 하면서 마음을 치유하는 유일한 방법은 독서였다. 내게 있어 독서는 취미활동이 아닌 생존방법에 가까웠다. 직장에서 살아남기 위해 치열하게 공부했고 슬럼프가 찾아올 때는 책을 통해 위안을 받았다. 바쁜 일과를 끝내고 집에 돌아와 은은한 조명 아래 책을 읽을 때 행복함을 느꼈다. 책을 통해 마음을 단련하고 치유도 할 수 있었다. 재미있는 책은 몇 번을 읽어도 질리지 않았고 오랜 친구와 이야기하는 느낌이 들었다.

내게 있어 독서는 힐링 자체였다. 직장생활 스트레스로 방황하기도 했으나 독서를 통해 마음의 안정을 찾을 수 있었다. 또한 직장생활 동안 읽은 많은 책들로 인해 사고가 유연해짐을 느꼈다. 더 나아가 시야가 트임을 느낄 수 있었다. 책을 너무나 좋아하다 보니 '책과 관련한 일을 하면 얼마나 행복할까'라는 생각으로까지 이어졌다.

독서 사랑은 자연스럽게 글쓰기로 이어졌다. 퇴근 후에 다이어리에 짧은 일기를 쓰기 시작했다. 책을 읽으면서 느낀 점을 수첩에 적고 꿈을 적었다. 하지만 어느 순간 직장생활에 치여 꿈이 사라지고 있다는 생각이 들었다. 그럴수록 힘이 되고 마음에 새겨지는 문구들을 지독하게 적고 또 적었다. 이러한 문구들을 적어 내려가면서 내 안에는 꿈이 다시 자리 잡기 시작했다. 이러한 꿈들을 목록화했고 책상과 벽에 붙였다. 다소 허황된 꿈이라도 상관없었다. 실현 여부를 떠나 꿈을 가진 사람과 가지지 않은 사람의 차이는 이루 말할 수 없다는 것을 알고 있었기 때문이다. 내 머릿속에서 맴돌던 것들을 표출하는 도구인 '글쓰기'는 또 다른 마음의 치유 방법 그 자체였다.

나의 버킷리스트에는 '책 쓰기', '직장생활연구소 소장 되기'가 적혀 있었고, 이 두 가지는 이미 현실화되었다. 직장생활 관련 개인 저서 출간을 기다리고 있으며 직장인들을 대상으로 성공 멘토링 컨설팅을 진행 중이다. 멘토링을 통해 평범한 직장인이 철저한 자기계발과 자기관리, 시간경영으로 꿈을 이루도록 돕는 것이 내 소명이자 꿈이다.

나 또한 평범한 직장인이지만 끊임없는 자기관리, 시간관리를 하며 조금씩 나아지는 삶을 경험하고 있다. 특별한 기술이 없어도 자신을 믿고 자기관리를 실천한다면 많은 기회를 만들 수 있음을 코칭을 통해 공유하고 싶다.

직장생활에 치이다 보면 사람들은 진정한 자신의 꿈을 잃어버린다. 현실의 무게감에 꿈을 외면한다. 꿈을 접는다. 이렇게 꿈을 포기하고, 시간이 지나고, 인생을 돌아보면서 공허함과 마주한다. 나는 직장생활을 하면서 '내가 진정으로 원하는 삶'이 무엇인가 끊임없이 되물었다. 직장생활 초기에는 딱히 인생을 헤쳐 갈 특별한 무기도 없으니 그저 주어진 일만 열심히 할 뿐이었다. 그럼에도 불구하고 직장 내에서 우수 직원으로 뽑히고 업무에서도 소기의 성과를 냈다.

　하지만 거기에 만족하지 않고 인생을 꾸려 나갈 방법을 찾기 위해 더욱 뛰어다녔다. 스스로의 부족한 점을 메우기 위해 주말이 되면 휴식 대신 치열한 독서로 내면을 채워 나갔다. 동시에 내 인생의 항로를 바꿀 만한 무언가를 끊임없이 찾아다녔다. 주말이 되면 알 만한 강사의 세미나에 참석했고 독서모임을 운영하며 직장인 자기계발 프로그램을 기획했다. 이러한 노력들은 나뿐만 아니라 300명의 동호회 회원들도 자신만의 색깔을 찾아 가게끔 도와주고 이끌어 주는 힘이 되었다.

　직장생활에 안주하지 않고 많은 활동을 하면서 느낀 것이 있다. 자신의 삶을 방치하지 말아야 한다는 것이다. 방치해 두면 인생은 제자리걸음이고 도태될 수도 있다. 발전하고 싶으면 삶을 가꾸기 위해 노력해야 한다. 누구도 대신해서 자신의 인생을 가꿔

주지 않는다. 이러한 '인생 꾸리기'는 시간이 철철 넘치는 사람만 성공하는 것이 아니다.

직장에 다니느라 자신에게 주어진 시간이 적더라도 그 시간을 쪼개서 꾸준함을 보인다면 분명 성과는 나게 마련이다. 나는 이러한 노력을 바탕으로 새벽에 글을 쓰고 출근하기를 반복하면서 출간 계약이라는 결과물까지 얻었다. 직장생활 하느라, 다른 일이 많다는 이유로 꿈을 미루고 살아간다면 분명 후회한다. 나는 퇴직할 때 후회하는 삶을 살고 싶지 않았다. 그래서 철저하게 스스로를 관리하고 시간을 관리했다. 24시간이 아닌 25시간을 살아가겠다는 마음가짐으로 하루하루를 버텨 냈다.

이러한 경험을 통해 요즘은 직장생활이 힘든 사람들, 꿈이 없는 사람들을 돕기에 이르렀다. 멘토링을 통해 직장인들이 처한 걱정, 고민들을 코칭해 주고 있다. 아직 시작단계지만 사람들을 만날 때마다 내 가슴은 두근거림으로 요동친다. 내가 가진 경험, 지식으로 누군가를 도울 수 있다는 것에 희열을 느끼고 있다. 평범하지만 자신을 놓아 버리지 않고 꾸준히 노력하는 사람이 성공하는 사례를 많이 만들어 갈 것이다. 나로 인해 많은 직장인들이 힘을 얻고 직장에서, 인생에서 승리해 나가기를 꿈꿔 본다. 앞으로 내가 이루어 갈 꿈은 다음과 같다.

- 나를 멘토로 삼는 멘티 10,000명 양성하기

- 전국단위 직장인 힐링 프로그램 기획하기
- 부모님께 전원주택 지어 드리기
- 내가 가진 콘텐츠로 TV 공중파 방송 출연하기
- 1년에 책 3권 집필하기
- 5층 규모의 사옥 짓기

"꿈꾸는 사람은 늙지 않는다." 내가 가장 좋아하는 말이다. 현실과 타협하지 않고 항상 꿈을 꾸고 추구해 갈 것이다. 꿈을 잃은 사람들에게도 가슴 뛰는 꿈을 심어 줄 것이다. 금수저가 아니어도 좋다. 특별한 능력이나 기술이 없어도 철저한 자기계발과 자기관리로 성공할 수 있다는 사례를 만들어 갈 것이다. 자기경영 코치로서 많은 이들을 도우며 살아가는 것이 나의 진정한 꿈이다. 나의 꿈을 완벽하게 이루어 갈 것이다.

이종서

되고 싶고
하고 싶고
갖고 싶은
40가지

31 - 40

어성호 하주연 신성호 이명호 임주영

허지영 이하늘 고수진 고숙희 차정혁

작가와 독자의
문화 공간 북카페 설립하기

어성호

'힐링글쓰기연구소' 소장, 글쓰기 코치, 자기계발 작가, 강연가, 동기부여가, 의식성장 메신저

수차례의 논문현상공모, 전국영어웅변대회, 문학상 수상 경력이 있다. '꿈'과 '희망'을 불어넣는 동기부여가이자 의식성장 메신저로서 '가슴 뛰는 삶'을 전파하고 있다. 저서로는《보물지도 7》,《부모님에게 꼭 해드리고 싶은 39가지》,《되고 싶고 하고 싶고 갖고 싶은 47가지》가 있으며, 현재 그간의 경험을 토대로 인생 2막을 준비하며 '글쓰기'에 관한 개인저서를 집필 중이다.

E-mail uhsh@naver.com   **Kakaotalk ID** jumpstarter21
C · P 010-9003-1957

눈물 많은 민족에게 눈물 흘릴 풍경을 묘사한 사람이 있다. 그것도 두 번씩이나. 그 첫 번째는 우마차를 두고 지게에 짐을 지고 가는 모습이요, 두 번째는 까치밥이다. 소가 끄는 마차에 그냥 짐을 얹으면 될 텐데 동물과 무거움을 같이 나눠 지려 하는 모습을 보고 그녀는 울었다고 한다. 서리가 내리고 겨울바람이 불면 먹을 것이 없을 새들을 생각해 나뭇가지 끝에 붙은 감은 굳이 따지 않으려 했던 장면을 보고 또 한 번 울었다고 한다.

세계 어디에서도 볼 수 없는 광경, 한국에서만 볼 수 있는 경치라며 이 땅을 사랑했던 사람. 미국인 여류 작가로서는 최초로 노벨문학상을 수상한《대지》의 작가 펄 벅이 그 주인공이다. 그런

그녀가 누군가를 만나기 위해 명동 청동다방을 애타게 찾고 있다. 그리고 스스럼없이 담배 두 갑을 내려놓고 그녀는 이 한마디를 종이쪽지에 남겼다.

"어둠을 불평하기보다 차라리 한 자루의 촛불을 켜라."

그녀에게 메모지를 내밀어 이런 글을 남기게 한 사람은 바로 공초 오상순 선생이다. 선생은 당대 많은 문인들에게 영향을 미쳤다. 당시 경복궁 일대가 정치의 심장이었다면 명동은 문화의 심장부였다. 선생은 광복 이후 1950년대 서울 명동에 있던 청동다방과 서라벌다방 구석 자리를 지키며 사람들을 불러 모으는 터줏대감 노릇을 했다.

이 시절의 다방을 오늘날의 말로 바꾼다면 카페다. 유럽에서 차가 유입되면서 살롱 문화가 확산되었고 커피를 즐겨 찾으면서 요새는 카페가 한창 성행이다. 그런데 다방과 카페를 기호식품을 마시는 장소로 한정 짓는다면 그것은 너무 심심하고 밋밋한 일이다. 뭔가 창조적 행위가 필요하다. 그래서 북카페를 생각해 본다. 이름만 바뀔 뿐 옛날의 다방 문화를 지금의 카페로 부활시키고 싶다.

북카페를 생각한 첫 번째 이유는 책 읽는 문화를 바꿔 보고 싶다는 생각에서다. 재미있어서 책을 읽을 수도 있겠지만 책을 읽으면 재미있다는 생각을 갖게 하고 싶다. 활자 책보다 만화와 같은 그림 책을 먼저 손쉽게 집는 이유는 '재미' 때문이다. 또한 요즘 젊은이들은 이어폰으로 음악을 들으면서도 책을 읽는다. 시각적으로 청각적으로 재미나게 꾸며 놓는다면 책에 대해 신선한 느낌을 갖지 않을까. 재미있으면 들르게 되고 들르면 찾게 되어 있다.

제법 많은 북카페들이 있다. 출판사에서 직영하는 곳도 있고 연예인 이름을 내걸고 운영하는 곳도 있다. 많은 사람들이 이곳을 찾아 건전한 만남과 문화의 장소로 애용하고 있다. 그런데 이것보다 조금 더 색다르면서도 독특하게 사람들에게 알리고 싶다.

1956년 봄 명동의 한 대폿집에서 막걸리를 마시던 〈목마와 숙녀〉의 시인 박인환이 가수 나애심에게 노래를 청한다. 나애심이 사양하자 박인환은 종이에 뭔가를 끼적였다. "지금 그 사람 이름은 잊었지만 / 그 눈동자 입술은 / 내 가슴에 있네……." 라틴 음악과 샹송에 조예가 깊던 시나리오 작가 이진섭이 즉석에서 악보를 만들었다. 마침 술집에 들어선 테너 임만섭은 악보를 받아 들고 노래를 불렀다. 현인이 첫 녹음을 했고 나중에 박인희가 불러 히트한 '세월이 가면'은 이렇게 탄생했다.

명동백작으로 불리던 기자이자 소설가 이봉구가 묘사한 당시의 명동을 오늘에 와서는 어떻게 탈바꿈시켜 놓으면 될까. 맨 먼저 카페라 불리려면 뭔가 '교류의 장소'가 되어야 한다. 사람들이 오가고 이야기가 오가고 정서가 흘러야 한다. 가고 싶어야 하고 가면 언제든 만날 수 있는 누군가 있어야 한다. 그러면서 창작 활동까지 이루어질 수 있다면 더할 나위 없이 좋겠다. 이것이 북카페를 생각한 두 번째 이유다.

먼저 집에 있는 개인 소장 책들을 옮겨 비치할 것이다. 그리고 일부는 주변 사람들에게서 기증받을 수도 있다. 북카페니만큼 책이 있어야 함은 당연한 일이다. 절판된 책을 비롯해 선집, 문집, 희귀본 등 소유한 책들을 내놓을 생각이다. 북카페에 가야만 읽을 수 있는 책이 있다면 많은 사람들의 발길을 돌릴 수 있지 않을까. 처음에는 사람이 책을 찾지만 책이 사람을 부를 날이 오리라 믿는다.

다음으로 많은 작가들을 오가게 할 것이다. 온·오프 서점에서만 보던 작가들을 북카페에 가면 언제라도 만날 수 있게 할 것이다. 작가 강연을 하고 작가와 대화를 하고 작가와의 만남이 어렵지 않도록 만든다. 독자들에게 살아 있는 작가의 목소리를 듣게 함으로써 책 읽는 문화를 자연스럽게 뿌리내리게 할 수 있다. 문화는 책을 읽는 것에서부터 시작된다고 생각을 바꿔 갈 수 있다.

그런 독자들을 창작 교실로 유도할 수도 있다. 짤막하게나마 강연과 실습을 통해서 글을 쓰고 싶은 사람들에게 작가들이 가르침을 줄 수도 있다. 어렵게 글쓰기 강좌에 등록하지 않더라도 적은 비용과 부담으로 배울 수 있다면 훨씬 더 많은 독자들이 창작의 기쁨을 누릴 수 있을 것이다. 글을 쓰고 싶은 인간의 기본 욕망을 해소할 수 있도록 작게나마 도움을 주고 싶은 마음이 크다.

알고 싶어도 어디에 있는지 몰라서 지나치는 경우도 있다. 배우고 싶어도 어디를 가야 하는지 몰라서 잊고 사는 경우도 있다. 아는 기쁨, 배우는 기쁨, 나누는 기쁨을 누리게 하고 싶다. 지금까지와는 다르게 살고 싶다는 생각이 문득 들 때가 있다. 그럴 때 북카페를 찾아와서 다른 삶을 찾고 다른 인생의 길을 맞이한다면 그 상상만으로도 행복한 일이 아니겠는가.

받아서 가지는 기쁨이 하나라면 줘서 얻는 기쁨은 둘이다. 받을 때는 혼자지만 줄 때는 둘이 된다. 받게 되면 나로 끝나지만 나눠 주면 그것이 알려질 수도 있다. 알려지면 널리 퍼지게 된다. 그러면 더 많은 사람들이 영향을 입을 수 있다. 가지는 기쁨은 순간이지만 나누는 행복은 영원할 수도 있다.

수익이 창출되지 않는 공간으로서의 북카페를 운영하려면 많은 돈을 벌어야 할 것이다. 그러나 살아온 지금까지 알게 모르게 많은 사람들로부터 받은 사랑을 이제는 돌려줘야 할 때다. 받았으니 준다는 개념이 아니라 나의 꿈으로 이루어진 북카페에서 많은 사람들이 꿈을 키우고 문화를 누리고 산다면 이보다 더 행복한 일이 어디 있겠는가. 나는 떠나더라도 남은 사람들은 사랑을 이야기할 수 있어야 한다. 그것이 앞서 산 사람이 줄 수 있는 선물이라고 생각한다.

"내가 생각하는 '성공적인 인생'은 두 가지 가능성을 충족시키는 것만으로 충분하다. 하나는 사는 보람을 발견하는 것이고, 다른 하나는 내가 아닌 다른 사람으로는 도저히 불가능한 어떤 지점을 인생에 만들어두는 것이다. 내가 기쁨을 느끼고 즐거워하는 일에서 타인이 흉내 낼 수 없는 나만의 완성도를 갖춰놓는 것이 바로 성공적인 인생의 기준점이다."

일본인 소설가 소노 아야코의 말이다. 모든 것이 오고 간다. 사람도 오고 간다. 시간도 오고 간다. 그러나 떠나는 것은 모두 흔적을 남긴다. 그 흔적이 문화라는 거대한 이름으로 남을지는 미지수다. 그렇지만 나는 꿈꿀 때 행복하다. 아직 이루어지지 않았으므로. 완성은 끝난 것이다. 더 이상 할 것이 없으므로. 그러기에 미완을 완성으로 이뤄 가는 인생의 묘미를 북카페를 통해 찾고자한다.

효과적인 리더십으로
동기부여가 되기

—

하주연

정신보건 간호사, 희망 멘토, 자기계발 작가, 동기부여가
전업주부로 15년간 지내다 간호사로 복직한 지 7년 차다. 주부생활이 더 길었지만 직업의 관점
에서 새로운 세계의 경험이 더 많다고 거꾸로 생각하는 창의적인 직장인이다. 자신을 필요로
하는 곳에 도움이 되고자 하는 소명이 있다. 저서로는 《부모님에게 꼭 해드리고 싶은 39가지》,
《되고 싶고 하고 싶고 갖고 싶은 47가지》가 있으며, 현재 '생활 속 마음'에 관련된 개인저서를
집필 중이다.

E-mail skyvlla@naver.com   **Blog** http://blog.naver.com/skyvlla

'내가 잘할 수 있는 것이 무엇일까?'

'남들이 나에게 무엇을 잘할 것 같더라고 했지?'

'내가 무엇을 할 때 부담감 없이 즐겼을까?'

직장생활을 한 지 7년이 지나가는 시점에서 나 자신에게 질문
을 던져 본다. 조직생활이 나에게 끼친 영향은 무엇이었을까? 저
런 상황에서 나라면 어떻게 했을까? 여러 생각들이 드는 요즘이
다. 일이 익숙해지면서 업무 외적인 다른 관계들이 내 눈에 들어
오기 시작한 것이다.

나는 성격이 단순하다. 각자 맡은 역할에 충실하고 제대로 일

처리를 하면 부서 간과 동료, 선배, 상사들 사이에 갈등은 없다는 생각이다. 특히 부서장의 역량이 중요하다고 생각한다. 한 부서의 분위기는 부서장의 리더십에 달렸다고 해도 과언이 아니기 때문이다. 부서장은 부서원들의 개성을 파악해야 한다. 그래야 동료들과의 갈등이 있을 때 제대로 된 중재가 가능하며 업무의 소통이 원활해지기 때문이다. 부서장이 훌륭한 리더십으로 구성원들의 업무역량을 키워 주고 업무 시스템을 제대로 복제만 한다면, 부서 내의 갈등은 줄어들 것이다.

안전만을 추구하는, 소심한 부서장을 상사로 모시고 있으면 별 사건이 없을 경우 부서는 조용하고 무난하다. 그러나 사건이 생기게 되면 부하직원들이 힘들어한다. 과거 나의 경험이다. 정신과 간호사인 나는 현 병동에서는 중간 위치에 있다. 후배들의 불만사항들을 들어 주고 내 선에서 해결해 줄 수 있는 것들은 해결해 주려 노력한다. 그러나 아무런 권한이 없는 상태라 부서장에게 보고만 할 때도 있다.

어느 날, 충동적인 환자로 인해 직원들이 신체적·정신적 위협을 당하는 일이 생겼다. 그중 한 직원이 정신적인 충격을 받았다. 하지만 아무런 조치가 내려지지 않았다. 직원을 보호하지 않는 사측의 태도에 많은 직원들이 충격을 받았다. 상식적으로 이해가 되지 않았던 것이다. 지금이 어느 시대인가. 인권의 소중함이 강조

되는 시대다.

시간이 지나면서 윗선에 보고가 제대로 되지 않았다는 것을 알았다. 당시 근무했던 직원은 그 충격으로 정신과 약을 처방받기도 했었다. 그곳이 두려웠고 그 환자를 보면 긴장감으로 인해 근무를 지속할 수가 없었던 것이다. 당시 나는 그때의 일을 전해 듣고 관리자에게 곧장 보고했다. 직원의 안위도 중요하기 때문이다.

시간이 지나도 그 환자는 계속 입원해 있었고, 결국에는 직원만 퇴사하는 이상한 일이 일어났다. 퇴사한 직원은 사측으로부터 어떤 사과의 말도 듣지 못했다고 한다. 이 일을 계기로 직원들 사이에 근무지를 불신하는 분위기가 팽배해졌다. 관리자의 성격에 따라 문제의 해석이 달라졌기 때문이다. 그런 문제들이 쌓이면서 한꺼번에 여러 명이 퇴사하는 일도 벌어졌다.

관리자는 윗선의 눈치를 많이 볼 수밖에 없는 자리라서 입바른 소리를 하지 않는다고 한다. 오랜 직장경험의 결론이라고 한다. 주인들은 바른말을 싫어한다는 것이다. 그분이 그렇게 행동한 이유가 있을 것이다. 과거 자신의 상처 때문일 수도 있다. 그러나 조직을 위한 자리에 있으려면 그 무게를 느껴야 한다. 혼자만의 자리가 아니다. 거기에는 조직원들의 안전도 포함되어 있는 것이다.

오래전 '간호지도자론' 수업에서 리더십에 대한 내용을 흥미롭게 들은 경험이 있다. 그 당시 직장 내의 여러 관계들을 관심 있게 들여다보게 된 것이다. 리더는 다스리며 명령하는 사람이 아니다. 구성원들의 변화와 성장을 위해 영향력을 행사하는 사람이다. 우리가 의도하지 않더라도, 원하지 않더라도, 알아차리지 못하더라도 사람들이 따를 때가 있다. 그렇게 우리는 리더가 된다. 팀으로 이뤄 근무하다 보면 오늘의 팀에서 리더가 될 수도 있다. 둘 이상의 관계에서는 항상 리더가 나온다. 그래서 우리는 어떻게 리더가 되는지 알기도 전에 리더가 되기도 한다.

아래는 수업 중에 들었던 내용으로, 리더가 갖추어야 할 일곱 가지 요소다.

1. 참됨: 진실이 담겨 있는 비전이다.

2. 단호함: 훌륭한 리더가 될 수 있는지의 여부는 의사결정능력에 달려 있다.

3. 집중력: 능력이 뛰어난 리더는 우선적으로 해야 할 일을 선별한 다음 제일 중요한 일에 집중한다.

4. 대인관계: 모든 관계에서 가장 중요한 것은 장기간 돈독한 관계를 유지하는 것이다.

5. 강하면서도 부드럽게 사람을 다루는 기술: 능력을 최대한 발휘할 수 있도록 격려와 긍정적인 피드백을 주어야 한다.

6. 의사소통: 뛰어난 리더는 위로, 아래로, 우회적으로, 개인적으로, 공식적 또는 비공식적으로 모든 수단과 방법을 가리지 않

고 지속적으로 의사소통을 한다.

7. 진취성: 일을 할 때 열정적으로 그 일에만 매달린다. 일을
많이 한다고 해서 반드시 좋은 것은 아니다.

이 항목들은 내가 성장하면서 스스로가 되고 싶어 한 어른의
모습이었다. 내가 좋아하는, 타 병원 간호부장으로 일하는 선배는
실제로 그렇게 보였다. 부드러운 카리스마로 말단 직원의 의견일지
라도 참고한다. 실제로 의견이 채택되어 직원들의 사기가 올라가
기도 한다.

직원들도 일을 합리적으로 처리하고 싶어 한다. 지시사항이 불
합리하더라도 말이다. 아랫사람이라고 해서 올바른 판단을 못하
는 것은 아니다. 오히려 좀 더 현실적인 아이디어들이 많다. 나는
그런 직장인들을 위해 동기부여를 해 주고 꿈을 확대시켜 주는 일
을 하고 싶다. 조직에 대한 불만 속에 숨어 있는 개인의 욕구를 발
견하는 일을 하고 싶다. 현실을 넘어 존재하는, 꼭꼭 숨겨져 있는
직장인들의 보다 큰 자기발견에 도움이 되고 싶다. 그런 상담을 하
는 상담소를 개설하고 싶다. 역으로 직원들의 심리를 알려 주는
일을 하고 싶다. 조직도 이롭고 개인도 이로운 일을 하고 싶다.

나는 이야기를 들어 주는 것을 좋아한다. 내가 이야기를 들
어 줘서 상대에게 도움이 될 때 행복하다. 그리고 현실적인 판단

을 잘 내린다. 나의 판단이 도움이 된다는 말을 자주 듣는다. 물론 나를 신뢰하는 사람인 경우일 것이다. 동기부여를 해 줄 때도 힘이 난다. 그러면서 나에게도 동기부여가 되기도 한다. 나와 남이 우리가 되어 각자의 꿈을 응원하며 후회하지 않는 인생을 살고 싶다.

재녀들에게
부자의 사고와 습관 물려주기
—
신성호

식품영양학 박사, 건강성공학 코치, 디톡스 상담 전문가, 인체생리학 연구가, 환자영양 상담가,
(주)휴젠바이오 학술고문, (주)이롬생명과학연구소 연구원
다양한 연구를 통해 생식의 효능성에 확신을 갖고 '생식'의 대중화에 앞장서고 있다. '똑똑맘
프로젝트'를 통해 가정의 식탁혁명을 위한 건강 솔루션을 제공하고 있다. 학교, 병원, 기업체
등에서 강연, 코칭, 컨설팅, 특강, 칼럼기고 등을 활발히 진행하며 건강 메신저로 활약하고 있
다. 저서로는 《하루 한 끼 생식》, 《보물지도5》, 《또라이들의 전성시대》, 《부모님에게 꼭 해드리
고 싶은 39가지》 등이 있다.

E-mail hoyas2@naver.com   **Blog** http://blog.naver.com/hoyas2

고등학교 친구가 자신의 꿈을 접고 공무원 시험 준비를 한다
는 소식을 전했다. 그녀의 부모님은 부부 공무원이셨다. 그녀는
부족함 없이 자랐으며 우등생이었고 어디서나 빛나는 존재였다.
음악을 좋아하는 그녀는 국립오케스트라 단원을 꿈꾸며 전 세계
를 다니는 자신의 미래 모습에 대해 이야기를 들려주곤 했다. 그
러나 그녀는 현실의 벽을 넘지 못하고 부모님의 권유로 공무원이
되었다. 그녀는 현재 자신의 꿈을 가슴에 묻고 평범한 삶을 살아
가고 있다.

친구의 모습을 보니 나를 보는 듯했다. 나는 부자가 되기를 원
하면서도 현실과 적당히 타협하며 안정된 삶을 추구하고 있었다.

부자의 삶을 위해 열심히 공부해 좋은 대학에 들어가고 다양한 자격증으로 스펙을 갖추었다. 남부럽지 않은 직장에 취업하고 월급은 차곡차곡 저축하면서 열심히 돈을 모았다. 언젠가 나도 부자가 될 수 있다는 기대감으로 살아왔다. 그래서 지금 하는 일이 힘들지만 당연히 견뎌야 한다고 생각했다. 절약을 미덕으로 삼고 살다 보면 60대에는 당당한 부자가 될 수 있을 것이라는 믿음이 있었다.

그러나 40대가 넘은 지금 부의 그림자는 전혀 보이지 않는다. 나는 10년 이상을 성실하게 일했지만 대출이자에서 벗어나지 못하고 있다. 심지어 목돈이 생기면 병원비나 가족들의 경조사비로 손에 쥐어 보지도 못하고 통장에서 고스란히 빠져나간다. 돈은 깃털보다도 가벼우며 날개가 달려 있는 듯했다. 시간이 지날수록 돈을 벌기도 어려울 뿐 아니라 저축으로는 부를 늘리기 힘들다는 사실을 알게 되었다. 부자에 대한 소망은 이렇게 흩어지기 시작했다.

《부의 추월차선》의 저자 엠제이 드마코는 부자가 되기 위해서는 "부자 부모님을 만나기보다는 돈을 버는 방법을 알아야 한다."라는 새로운 성공법칙을 제시하고 있다. 내가 왜 돈의 노예로 살아가고 있는지 알게 되었다. 나는 부자의 삶을 막연하게 꿈꾸었을 뿐 확실한 자신감이 없었다. 이 저서를 통해 돌아보면 지금까지 열심히 걸어왔던 내 인생의 길은 서행차선이었다. 내게 주어진 환경과 절약만으로는 더 이상 부자가 될 수 없다. 진정한 절약이 이루어지려면 성장을 위한 자기 투자가 있어야 한다. 그러나 나는 저축이 답이라고 생각했고 공격적인 인생보다는 수동적인 인생에 머물면서 부자의 꿈을 꾸고 있었다. 내가 간절히 부자가 되기를 원한다면 부자의 마인드가 필요하다.

《부자 아빠, 가난한 아빠》의 저자인 로버트 기요사키는 두 아버지의 차이를 통해 부자와 가난한 사람의 사고방식을 비교하면서 부자들은 절대 돈을 위해 일하지 않는다고 했다. 가난한 사람들은 평생 돈을 위해 일하지만, 부자들은 돈이 움직이는 방식을 알며 돈이 자신을 위해 일하게 만든다고 한다. 특히 부자들은 자녀에게 돈에 대해 가르치는 것도 달랐다. 가난한 아버지는 똑똑한 사람이 되라고 강조하고 부자 아버지는 똑똑한 사람을 채용하라고 강조한다. 부자들은 밥상머리에서 자녀들에게 금융교육을 한다. 그러나 나는 밥상머리에서 자녀들에게 "시험공부는 다 했어? 숙제는 얼마나 남았어?"라고 물으며 학교수업에 뒤처질까 봐 노심초사하는 부모다. 부자는 남을 위해 일하지 않으며 먼저 자신을 위해 일한다. 그리고 다른 무엇보다 자신의 배움과 사업에 투자한다. 나는 그동안 회사를 위해 일했으며 한 직장에서 15년 근속한 것을 자랑스럽게 생각하고 있었다. 그러나 나의 내면에는 새로운 변화에 대한 두려움이 서서히 자리 잡고 있었으며 현실에 안주한 삶을 즐기고 있었다.

나는 공부를 열심히 해서 좋은 직장에 들어가는 것이 최고의 성공이라고 교육받으며 자라 온 세대다. 학교와 가정에서는 열심히 공부하고 일하는 방법만을 가르치지, 돈을 어떻게 관리해야 하는지에 대해서는 전혀 가르치지 않는다. 그러니 돈을 벌면서도 지혜롭게 돈을 쓰는 방법을 알지 못했다. 또한 돈 욕심을 갖는 것은 속물처럼 보이기도 했다.

나는 더 열심히 일했지만 앞서 나가지는 못했다. 열심히 일하는 법은 배웠지만 자신을 위해 일하는 법은 배우지 못했기 때문이다. 나는 돈을 버는 방법이 아니라 돈을 번 뒤에 관리하는 방법이 더 중요하다는 사실을 마흔이 넘어서 알게 되었다. 좋은 직장을 다니면서도 경제적인 고생은 끝이 보이지 않았다. 그저 성실하게 열심히 공부하고 좋은 직장을 구하면 되는 줄 알았다. 그리고 더 좋은 직장을 찾기 위해 매일 새로운 채용정보 소식을 기다린 적도 있었다.

지금까지 열심히는 살았으나 부자가 될 수 없었던 이유는 명백하다. 부에 대한 관점이 잘못되었기 때문이다. 나는 내가 지나온 길이 잘못되었다는 것을 알게 되었다. 적어도 나의 자녀들은 이 길을 걷게 해서는 안 된다는 확신이 들었다.

"가난한 현실보다는 가난한 생각, 즉 자신은 가난하고 앞으로도 그럴 거라는 주눅 든 생각이야말로 인생을 좀먹는다. 가난한 자신의 처지에만 자꾸 눈길이 가고 이에 익숙해져 가난에서 벗어나려는 굳은 의지를 잃는다면 결국 파멸에 이르고 만다. 가난을 이야기하고 가난을 생각하고 가난을 예상하고 가난에 대비하면 정말로 가난해진다. 가난을 준비하는 것이 가난의 조건을 충족시키고 마는 것이다. 사람들은 끝없이 예상하면서 예상한 상태를 초래한다. 가난을 생각하고 자신을 의심하고 절망적 사고 회로에 빠지게 되면 아무리 노력해도 스스로 만들어낸 사고의 흐름에서 벗어날 수 없게 된다. 모든 것들이 스스로 닮은 것을 끌어당기는 힘을 가지고 있다. 결국 자신이 걱정하는 바대로 되는 것이다."

《부의 비밀》의 저자 오리슨 스웨트 마든의 말이다. 나는 돈을 벌 수 있는 특별한 재능이 없으니 주어진 틀 안에서 열심히 일하고 성실하게 저축하는 것이 마음 편했다. 이미 가난한 사람의 사고방식에 길들여져 살고 있었던 것이다.

돈을 벌려면 시간과 장소에 제한을 받지 않으면서 수익을 창출할 수 있는 사업을 해야 한다. 속도보다 더 중요한 것이 방향성이다. 나는 앞만 보고 달려가다 급브레이크를 밟고 다시 차선을 변경했다. 나는 지금 10권의 저서를 쓰고 전 세계를 다니며 강연가로, 그리고 디톡스 다이어트 전문가로 건강 컨설팅을 하며 살고 있다. 과거의 나는 오로지 직장의 노예가 되어 내 생애에 10억 원대 자산가가 될 수 있을까, 라는 막연한 부자의 꿈만 꾸고 있었다.

그러나 지금은 100억 원대 자산가를 꿈꾸며 1인 기업가를 준비하고 있다. 나의 사고는 이미 가난한 사람의 사고방식에서 부자의 사고방식으로 바뀌었다.

자녀들에게 삶으로 보여 주는 것보다 더 큰 가르침은 없다. 나는 이제 자녀들에게 학교에서 공부 열심히 해야 안정된 직장을 찾을 수 있다고 말하지 않는다. 자녀들이 직장의 노예가 되어 평생 일만 하다가 피곤한 어른으로 살아가길 원하지 않는다. 원하는 일을 하며 인생에서 얻은 경험과 지식을 자신만의 메시지로 만들어 다른 사람들을 돕는 메신저의 삶을 살기를 원한다.

부자가 되려면 빈자의 사고에서 벗어나 부자의 사고를 가져야한다. 생각이 바뀌면 행동이 바뀌고 행동이 바뀌면 습관이 바뀐다. 습관이 바뀌면 인생도 바뀐다. 나는 황금수저는 아니지만 자녀에게만큼은 황금수저를 물려주고 싶다. 그것은 부의 상속이 아닌, 부의 사고와 습관을 유산으로 남겨 주는 것이다.

2인 기업가가 되어
한강조망권 아파트에서 자유롭게 살기

이명호

크로스핏 코치, 동기부여가, 작가
군대에서 누구보다 치열하게 꿈을 키우고, 운동을 하며 자기계발을 했다. '주 3시간 운동법'을
기획해 운동하는 라이프스타일을 전수하고 있다. 또한 꿈이 없는 청년들을 위한 마인드 코칭
및 컨설팅을 진행하며 전역을 준비하는 사람들을 위한 진로 컨설팅을 기획 중이다. 저서로는
《군 생활 자기계발 비법》이 있다.

E-mail noble_raven@naver.com **Blog** http://www.blog.naver.com/noble_raven

　나는 하고 싶은 것이 너무 많지만 그중 손에 꼽는 로망이 하
나 있다. 그것은 여유 있는 평일시간을 가지는 것이다. 주말이 끝
나 가면 많은 사람들이 불편한 감정을 호소한다. 왜냐하면 월요
일 아침에 다시 출근해야 하기 때문이다. 이른바 '월요병'이라는
것이 이렇게 생긴다. 나는 한 번씩 이런 것에 의문을 가졌다.

　'왜 우리는 원하지 않는 일을 해야만 할까?'

　어린아이 같은 질문이지만 나는 이 질문을 뻔한 답으로 끝내
고 싶지 않았다. 새로운 한 주를 즐겁게 기대하며 살아간다면 얼

마나 행복할까? 평일에 휴가를 내서 여자 친구와 시간을 보내면 참 여유로우면서도 행복하다. 평일 분주한 출근 시간이 지난 뒤에 거리를 거닐면 여유로움을 한껏 맛볼 수 있다. 일종의 해방감이 든다. 다른 사람은 일하고 있지만 나는 이렇게 자유를 만끽하고 있구나, 하는 기분 말이다. 그럴 때마다 여자 친구와 함께 그런 삶을 살기를 간절하게 바라 왔다. 관점을 폭넓게 가지니 그런 삶이 눈에 보였다. 그것은 바로 창업을 하는 것이다. 누군가에게 소속되어 일하는 것이 아니라 스스로를 위해 일하고 그에 따른 대가를 그대로 수입으로 거두는 것이다. 일을 하고 싶지 않을 때면 언제든 휴가를 내서 쉴 수 있다. 세상에는 그렇게 돈을 버는 사람이 꽤나 많다.

우리가 이 세상에 태어난 목적은 무엇일까? 나는 그것을 하고 싶은 것, 누리고 싶은 것을 다 누리며 행복하게 사는 것이라고 생각한다. 젊으니까, 아직 현실을 모르니까 그렇게 말하는 것이라고 생각할 수 있지만 왜 그렇게 살면 안 되는 것인지 되묻고 싶다. 아직 나는 전체 수명의 25%밖에 살지 못했다. 25%의 인생이 부모님에 의해 어느 정도 결정되어 왔다면 남은 75%의 인생은 이제 온전히 내가 하기에 달려 있다. 나는 내가 원하는 삶을 살 수 있다는 깊은 신념을 가지고 있다.

나에게는 4년 동안 사귀어 온 여자 친구가 있다. 우리는 조금

특이하다. 처음 만났을 때부터 우리는 철학에 대한 이야기를 나눴다. 우리가 철학을 전공한 것은 아니다. 나는 또래의 남자들처럼 연예인 가십이나 사소한 일상에 대해 이야기하기보다는 성공과 빛나는 미래를 이야기했다. 그래서인지 로맨스는 조금 부족한 것 같았지만 여자 친구는 나의 그런 면조차 이해해 주고 나의 미래를 믿어 주었다.

내가 작가의 길을 걷기 위해 책을 쓰고 있을 때의 일이다. 평소 스스로의 옷을 사는 데도 돈을 거의 쓰지 않고 늘 절약하는 여자 친구가 나의 꿈을 위해 100만 원이 훌쩍 넘는 몽블랑 만년필을 사 주었다. 여자 친구는 옷을 사기 위해 구경을 다닐 때면 늘 옷이 마음에 들지 않는다고 말한다. 사실은 그 옷의 가격이 합리적이지 않다고 생각하기 때문에 마음에 들지 않는 것이다. 그래서 한 번도 백화점에서 옷을 사 본 적이 없다. 그러한 여자 친구가 당시 작가지망생에 불과한 나의 미래를 믿고 고가의 만년필을 선물한 것이다. 그녀의 믿음 덕분에 나는 책을 써냈고 마침내 작가가 되었다. 그리고 그녀 또한 현재 작가가 되기 위해 책을 집필하고 있는 중이다. 둘이서 함께 원하는 삶을 살아 나가기 위해서다. 우리는 이렇게 2인 기업가를 꿈꾸고 있다.

우리는 지하철을 타고 한강을 지날 때면 늘 설레는 마음으로 밖을 본다. 한강의 멋진 풍경을 보며 감탄한다. 그것을 매일 볼 수 있다면 얼마나 행복할까 생각한다. 그러다가 눈에 띄는 아파트를 발견했다. 바로 '청담동 자이아파트'다. 한강 바로 옆에 있는 그 아파트에서 매일 아침 눈을 떠 한강을 조망한다면 얼마나 행복할까? 청담동 자이아파트는 전 세대에서 한강조망이 가능하다고 한다. 제일 넓은 평수가 35평으로 소박하지만 그래도 어느 방에서나 창문을 열면 한강이 눈에 들어온다. 총 35층인데 이곳에서 내려다보는 풍경은 정말 예술이다. 우리는 그 아파트를 보며 이런 대화를 나눈다.

"저렇게 한강이 보이는 곳에서 살자!"
"당연하지!"

전에 이곳에서 너무 살고 싶은 나머지 아파트 단지로 들어가 보았다. 하지만 경비원이 있어서 함부로 들어갈 수 없었다. 그곳에서 만난 사람들은 모두 표정에 여유가 있어 보였다. 지하주차장은 정말로 크고 넓었는데 그곳에 있는 차들은 하나같이 내가 원하는 차들이었다. 한마디로 외제차 모터쇼 같았다. 롤스로이스, 람보르기니, 페라리, 포르쉐, 대형 밴 등 내가 원하는 차가 가득했다. 그때 젊은 부부가 주차장에 내려와 값비싼 외제차를 타고 나가는 것을 보면서 내 심장은 두근두근 뛰기 시작했다.

나도 이런 곳에서 여자 친구와 함께 멋지게 살고 싶다. 우리 둘은 머지않은 미래에 반드시 그렇게 될 것이라고 믿어 의심치 않는다. 우리의 가능성을 굳게 믿고 있기 때문이다.

아침이면 침실에 햇살이 들어와 상쾌한 마음으로 눈을 뜬다. 옆에는 나의 사랑스러운 아내가 편안하게 자고 있다. 이마에 살짝 키스해 준 뒤 조심스럽게 일어나 거실로 나가 한강이 보이는 흔들 의자에 앉아 명상을 한다. 아침 해가 비치는 한강을 보노라면 한 없이 기분이 좋아지고 풍요로운 느낌이 든다. 시간 걱정 없이 명상을 한다. 스케줄은 오후에 강연 하나가 잡혀 있을 뿐이다. 명상을 한 후에 보니 아내가 아침을 준비하고 있다. 아침은 늘 신선한 과일만 먹는다. 과일을 먹으면 내 몸이 깨끗해지는 느낌과 함께 활력이 솟는다. 그래서인지 우리 부부의 피부는 도자기처럼 티 하나 없이 맑다. 과일을 먹으며 아침 신문을 본다. 월요일 오전, 우리 부부는 무엇 하나 급할 것 없이 여유롭다. 어디에도 출근하지 않고 스스로 하고 싶을 때 일을 하기 때문이다.

오전은 내내 집에서 에스프레소 머신에서 직접 추출한 아메리카노 한 잔과 함께 독서를 한다. 서로가 같이 있지만 둘 다 독서 삼매경에 빠져 있다. 독서를 하며 떠오르는 신선한 아이디어를 그대로 기록하며 그것을 다시 나의 사업에 적용한다. 맑은 정신으로 낚아챈 생각들은 그대로 나의 수익이 되어 나타난다. 그것으로 우리는 늘 새로운 시스템을 만들고 그것으로 인해 일하지 않아도 돈을 번다. 늘 여유롭지만 그 여유로움을 발판 삼아 더 큰돈을 벌

방법을 생각하는 것이다. 조금이라도 일상에 지루함이 느껴지면 늘 계획 없이 해외여행을 떠나 즐기고 온다. 특히 우리 부부가 좋아하는 것은 해외 명품관에서 쇼핑하는 것이다. 우리 뒤에는 늘 사람이 따라다닌다. 그냥 원하는 것을 다 주워 담기 때문이다. 마음에 들면 가리지 않고 다 구입한다. 물론 우리의 취향은 까다롭기 때문에 실제로 사는 양은 많지 않다.

우리 부부의 일상은 늘 주목받는다. 많이 소비하는 만큼 사회를 위해 많이 베풀기 때문이다. 또한 너무나 관리가 잘되고 세련되어 워너비 부부로 주목받는 삶을 산다. 사는 것이 참 재미있다. 매일 새로운 일상, 멋진 경험들이 우리 부부를 기다리고 있다. 오늘도 세상이 주는 멋진 경험들과 풍요로움을 누리며 행복하게 살아간다. 늘 함께 성장하고 발전하면서 말이다.

꿈부부로 서로를 이끌어 주며 멋진 2인 기업가의 삶 살기

임주영

감사 메신저, 동기부여가, 강연가, 자기계발 작가
행복한 인생은 감사하는 것에서부터 시작됨을 전파하고 다니는 감사 메신저다. 모든 사람들이 감사하는 마음을 가지는 따뜻한 세상을 만들기 위해 오늘도 열심히 감사를 실천하며 알리고 있다. 저서로는《되고 싶고 하고 싶고 갖고 싶은 38가지》,《부모님에게 꼭 해드리고 싶은 39가지》가 있으며, 현재 '감사'에 대한 개인저서를 집필 중이다.

E-mail grace_lym@naver.com   **Blog** http://blog.naver.com/grace_lym
Instagram gratitude_messenger

요즘 서점에 가면 1인 창업에 관한 책들이 많이 보인다. 그만큼 이제는 언제 잘릴지 모르는 회사를 다니며 힘들게 돈을 버는 것보다, 내가 하고 싶은 것을 하며 즐겁게 돈을 버는 것이 더 중요하게 여겨지고 있는 것이다. 회사에서는 아무래도 자신의 역량을 마음껏 펼치는 데 한계가 있고 급여 또한 고정적이다. 그리고 제일 결정적인 것은 하고 싶은 일을 하는 것이 아니기 때문에 불만이 쌓일 수밖에 없다는 것이다. 반면에 1인 기업가들을 보면 시간과 장소에 구애받지 않는다. 바쁘더라도 항상 즐거워 보이고 활력이 넘친다. 자신이 하고 싶은 일을 하며 돈까지 벌기 때문에 불만보다 오히려 만족하는 삶을 산다.

나의 남자 친구 또한 예전부터 그러한 삶을 원했던 사람이었다. 사실 처음 만났을 때부터 범상치 않은 생각의 소유자였다. 같은 대학교를 다니며 교양수업을 듣고, 캠퍼스를 걸으며 많은 이야기를 나눴는데, 남자 친구는 그 나이대 남자들에게서 들을 수 없는 말들을 많이 했다.

"나는 평범하게 회사에 다니면서 돈을 벌지 않을 거야."

처음에는 이 말이 충격적이었지만, 확신에 차 있는 남자 친구의 눈빛과 말에서 뭔지 모를 든든한 믿음 같은 것이 느껴졌다. 그는 하고 싶은 것, 갖고 싶은 것이 뚜렷했고 지금 처한 현실에 묶여 있는 사람이 아니라 항상 미래를 좇는 사람이었기에 더욱 믿음직했다. 다른 사람들이 '너무 이상적이다'라고 핀잔을 줘도 굴하지 않았다. 그렇게 우리는 다른 사람들의 말에 휘둘리지 않고 우리의 의식과 꿈의 크기를 조금씩 크게 넓혀 나갔다.

그러던 어느 날 남자 친구가 다시 한 번 나를 놀라게 했다. 갑자기 책을 써야겠다고 말하는 것이었다. 그때까지 나는 책이라는 것은 아무나 쓸 수 없는 것이라고 생각했기에 남자 친구를 응원하면서도 약간 걱정도 되었다. 그런데 남자 친구는 보란 듯이 《군생활 자기계발 비법》이라는 당당한 결과물을 내놓았다. 남자 친구가 얼마나 자랑스러웠는지 모른다.

나 또한 남자 친구와 주변 사람들의 예상보다 빨리 책 쓰기를 시작했다. 사실 처음에는 남자 친구를 이해하고 싶은 마음으로 결심한 일이다. 장거리 연애를 하면서 얼굴 볼 기회가 많이 없었는 데다, 책을 쓰기 시작하면서부터 남자 친구는 좀처럼 시간을 내지 못했다. 처음에는 속상했지만, 그 꿈을 방해하고 싶지는 않았기에 나는 이해하는 쪽을 선택했다. 그렇게 남자 친구를 이해하기 위해 시작한 책 쓰기였지만 지금은 나를 위해서 열심히 쓰고 있다. 아직도 책 쓰기가 결코 쉽지만은 않지만 남자 친구의 격려와 도움을 받으며 열심히 원고를 집필 중이다. 이제 나의 개인저서가 출간되면 우리는 본격적으로 2인 기업가로서의 첫발을 내디딜 것이다.

사실 나도 1인 기업가를 생각해 본 적이 있었다. 하지만 두려움이라는 것이 앞섰다. 나에게 없거나 부족한 부분은 전적으로 나 혼자서 그 부분을 계발하거나 메우려 노력해야 한다. 그리고 그러한 부분을 이야기해 주고 챙겨 주는 사람 또한 없다. 그런 면에서 미래를 함께할 지금의 남자 친구와 함께 2인 기업가의 꿈을 그리는 것이 서로에게 훨씬 더 좋을 것 같다는 생각이 들었다. 혼자일 때의 두려움은 함께 미래를 그리기 시작한 순간, 확신이라는 이름으로 변했다. 그리고 미래를 함께 나누며 앞으로 펼쳐 나갈 모든 일들이 기대되기 시작했다.

사실 2인 기업가라는 말은 생소할 법도 하다. 그런데 나는 2인 기업가를 매일 보고 있었다. 그것도 아주 가까이서 말이다. 바로 우리 부모님이다. 아버지께서는 제작 업무를, 어머니께서는 제작 보조와 사무 업무를 맡고 계신 것이다. 그렇게 몇 십 년을 두 분이서 서로를 이끌어 주고 채워 주며 일해 오셨다. 일로 인해 다툼이 있을 법도 한데 한 번도 그런 일은 없었다. 아버지께서는 오히려 같은 일을 하기 때문에 서로를 더욱 이해할 수 있고 존중할 수 있다고 말씀하셨다. 그래서 아버지께서는 퇴근 후에도 소맷자락을 걷어붙이고 같이 집안일을 하며 어머니의 부담을 줄여 드리고 있다.

옛말에 '백지장도 맞들면 낫다'라는 말이 있다. 아버지와 어머니처럼 우리 커플도 서로의 부족한 점을 보완해 줄 수 있는 성격을 가지고 있기에 함께할수록 시너지 효과를 낼 수 있다고 생각한다. 예를 들어, 남자 친구는 어떤 일을 실행하는 데 있어서 거침없이 밀고 나가는 편이다. 하지만 세심한 부분을 놓칠 때가 많아, 그 부분을 내가 체크해 주는 식이다. 이렇게 서로에게 부족한 점을 상대에게 있는 강점으로 보완하고 채워 나갈 수 있다는 것이 얼마나 감사한 일인가?

기쁠 때 옆에 있어 더욱 행복하고, 슬플 때 서로에게 기대어 격려와 응원을 보내 줄 수 있는 파트너가 인생의 반려자라면 그보다 더 좋을 순 없다. 아직은 작은 일로 다투기도 하는 커플이지만 매일 함께 성장해 나가고, 꿈을 향해 계속 전진해 나가자고 남자 친구에게 이야기하고 싶다.

나는 오늘도 우리의 미래를 상상하며 기분 좋게 하루를 마무리한다.

2인 기업가가 된 우리는 아침에 일어나서 더 이상 쫓기듯이 회사에 출근하지 않는다. 여유롭게 일어나 통유리를 통해 들어오는 햇빛을 느끼고 창 너머의 한강을 바라보며 하루를 멋지게 시작한다. 이메일을 확인해 보니 셀 수 없는 강연과 컨설팅 의뢰가 들어와 있다. 편한 시간대에 스케줄을 잡고 우리가 쉬는 날이 곧 주말이 되는, 시간에서 자유로운 사람이 되었다. 고급 승용차를 타고, 고급 레스토랑에서 좋은 음식을 먹고, 좋은 옷을 입는 것은 더 이상 꿈에만 그리는 것이 아니라 당연히 누려야 할 것이 되었다. 우리는 돈을 쓰며 더욱 큰돈을 번다. 그뿐만 아니라 사회에 기부도 많이 하며 선한 영향력을 퍼뜨리고 다닌다. 영향력은 점점 커져서 마침내 대한민국에서 제일 영향력 있는 멋진 기업가 부부가 되었다. 모든 사람들이 우리 부부를 롤모델로 삼는다. 하루하루가 너무나도 행복하고 감사함으로 넘쳐 난다.

아들과 세계일주 하며
여행 에세이 쓰기

허지영

'브랜딩 책쓰기 연구소' 소장, 〈한책협〉 책 쓰기 코치, 쇼핑몰 코치, 블로그 마케팅 코치,
동기부여가, 자기계발 작가

쇼핑몰 창업, 개인 브랜딩을 원하는 사람들을 위해 블로그 마케팅 코치로 활동 중이다. 책 쓰
기 코치로 활동하며 책을 통해 브랜딩하는 방법을 알려 주고 있다. 평생 책 쓰는 현역으로 살
아가며 사람들의 성공을 돕는 메신저의 삶을 지향한다. 저서로는 《나는 블로그 쇼핑몰로 월
1,000만 원 번다》, 《하루 10분 책쓰기 수업》, 《버킷리스트7》 등이 있다.

E-mail hurstyle@naver.com   **Blog** www.hurstyle.co.kr
Cafe www.hurstylecafe.co.kr   **C · P** 010-9322-4562

나는 딸이 있는 엄마들이 부럽지 않다. 속이 깊고 마음 따뜻한 아들이 있기 때문이다. 아들은 태어나서 15개월이라는 긴 시간 동안 모유를 먹으며 자랐다. 늘 붙어 있다시피 해서 그런지 나와 애착관계가 남다르다. 우리는 서로 눈빛만 보아도 무엇을 생각하는지 알 정도다. 내가 열심히 살아야 하는 이유는 바로 아들이다.

아들은 올해 초등학교에 들어갔다. 어릴 때 아파 고생을 많이 해서 그런지 또래 아이들보다 어른스럽다. 늘 엄마를 먼저 생각해 주고 마음이 깊다. 드라마를 보다가 내 눈에 눈물이라도 맺히면 화장지를 건네는 기특한 아들이다. 결혼한 뒤 힘든 시간들이 많았지만 그럴 때마다 나를 위로해 주었던 사람은 바로 아들이었다.

나는 아들을 위해서 10년 동안 몸담고 있던 회사에 사표를 던졌다. 아이가 어느 정도 클 때까지는 엄마가 곁에서 돌보는 것이 옳다고 판단해서다. 누구보다 내 일을 사랑했었기 때문에 경력단절을 겪으며 힘겨운 시간을 보낼 수밖에 없었다. 하지만 후회는 없다. 아들이 밝고 착하며 마음이 따뜻한 아이로 자라 주었기 때문이다.

누구보다 큰 사랑으로 키웠지만 아들에게 미안한 것이 딱 한 가지 있다. 함께 여행을 많이 다니지 못한 것이다. 늘 사업이 바쁜 남편으로 인해서 아들이 태어나고 지난 8년 동안 세 가족이 여행을 간 적이 단 한 번도 없었다. 아들과 나는 가끔 언니네 식구들 가족 여행에 끼어서 함께 가거나 부산에 계신 어머니를 만나러 가는 것이 여행의 전부였다. 이제는 일상이 되어 버린 현실이 조금은 안타깝기도 하다. 다른 친구들처럼 주말에 엄마 아빠와 캠핑을 가 본 적도 없고 맘껏 놀러 다닌 적도 없지만 늘 밝게 생활해 주는 아들이 너무 고맙다.

사람이 모든 부분에서 만족하며 살 수는 없다고 생각한다. 그러한 결핍이 나와 아들의 사랑을 더욱 돈독하게 만들어 주었다. 일에 치여 사는 남편을 보면서 '내가 결혼을 왜 했을까?'라는 생각을 하다가도 날 보며 환하게 웃어 주는 아들을 보고 있노라면 '그래, 이렇게 예쁜 아들을 만나려고 했나 보다'라는 생각이 든다.

사랑하는 아들을 위해서라도 나는 더 크게 성공해야겠다고 다짐했고 그런 간절함과 열정으로 내 꿈을 향해 나아가고 있다.

아들은 책을 쓰는 엄마를 보면서 자신도 작가가 되고 싶다고 한다. 어릴 때의 기억을 종이에 적어 보기도 하고 자신의 생각을 글로 자주 표현한다. 엄마가 작가라서 너무 자랑스럽다고 말한다. 누가 물어보지 않아도 "우리 엄마는 작가예요."라며 자랑하기 바쁘다. 집에 모르는 사람이 방문하면 나의 책을 보여 주면서 "이거 우리 엄마가 쓴 책이에요."라고 먼저 말을 건넨다. 책을 쓰기 시작하면서 예전보다 많이 놀아 주지 못하지만 좋아하는 일에 열정을 가지고 열심히 살아가는 엄마를 아들이 응원하고 있다는 것을 안다. 엄마가 꿈을 향해 거침없이 나아가는 모습을 보며 아들도 함께 성장할 것이라 믿는다.

지금은 누구보다 바쁜 엄마로 살고 있지만 아들이 조금 더 크면 꼭 함께해 보고 싶은 것이 있다. 세계일주를 하며 여행 에세이를 쓰는 것이다. 아들이 초등학교를 졸업하고 사춘기에 접어들면 방학을 이용해서 함께 세계여행을 떠나고 싶다. 사춘기는 질풍노도의 시기다. 아무도 나의 마음을 몰라주는 것 같고, 어디론가 떠나고 싶은 그 마음을 나도 느꼈었다. 힘든 마음을 분출할 방법이 없었던 사춘기 시절, 나는 일기장에 글을 써 내려가면서 나만의 세상을 그려 나갔다.

밀리언셀러 여행 에세이 작가 겸 시인인 이병률 씨는 한 언론과의 인터뷰에서 자신의 사춘기 시절에 대해 언급한 적이 있다. 중학교 2학년 사춘기의 열병을 앓으면서 그는 막연한 대상에게 편지를 쓰거나 무언가를 끼적거리는 일을 통해 사춘기를 극복했다고 한다. 여행을 떠나는 것도 더 쓸쓸하고 외로운 상황에 자신을 내던져 자극을 받고 살아갈 힘을 얻기 위해서라고 한다. 나도 같은 경험을 해서인지 그의 말에 크게 공감했다.

아들이 인생에서 가장 힘들어할 시기에 세상에서 가장 멋진 여행을 선물해 주고 싶다. 더 큰 세상을 보여 줄 것이다. 세상은 이렇게 넓으며 다양한 사람들과 다양한 삶이 있다는 것을 보여 주고 싶다. 말로써, 책으로써가 아닌, 직접 눈으로 보고 배우고 깨달을 수 있도록 말이다. 혼자가 아닌 사랑하는 엄마와 함께하는 소중한 추억을 선물할 것이다. 사춘기 시절에 세계일주를 하면서 더 크게 의식이 성장할 수 있을 것이다. 그 과정을 책에 담으면서 작가의 꿈에 더 가까이 다가갈 수 있으리라 믿는다.

나는 아들과 여행이라는 매개체로 교감하고 싶다. 세계여행을 하면서 같은 시각, 같은 장소에서 내가 느끼는 것과 아들이 느끼는 부분은 분명히 다를 것이다. 여행을 통해 아들과 시간, 생각을 공유하며 아름다운 자연 속에서 풍경보다 더 소중한 것이 무엇인지 깨달음을 주고 싶다. 여행을 통해 아들에 대해 더 많이 알고 싶고 아들이 더 큰 꿈을 꿀 수 있도록 해 주고 싶다. 아들 역시 여행을 하는 동안 엄마의 몰랐던 부분에 대해서 많이 알아 갈 것이다. 엄마는 어떤 생각을 하는 사람인지, 어떤 순간에 가슴이 뛰는지 말이다. 엄마의 어린 시절은 어땠는지도 말해 주고 엄마의 꿈에 대해서도 자연스럽게 알려 주고 싶다. 여행을 다니면서 쌓은 둘만의 추억을 사진과 글에 담을 것이다. 사진 한 장 한 장에서 감동의 순간이 고스란히 느껴지도록 말이다.

또한 아들과의 여행 추억을 책에 담아 여행 과정에서 얻었던 부분들을 많은 사람들과 나누고 싶다. 화려한 여행 에세이가 아닌, 아들과 함께 경험하고 느끼고 깨달은 부분을 솔직하게 써낼 것이다. 세계 곳곳을 여행하며 아들과 함께 울고 웃으며 힘겨웠던 순간을 모두 책에 담아서 많은 사람들이 공감하고 위로받을 수 있도록 하고 싶다.

나이가 들면 딸들과 여행을 가는 엄마들이 대부분이다. 딸이 없는 엄마들은 더 많이 외로워하는 모습을 보았다. 아들보다 딸이 더 편하고 소통이 잘되기 때문이다. 하지만 나는 보란 듯이 아들과 멋진 세계여행을 다녀올 것이다. 아들과의 세계여행 스토리를 담은 여행 에세이로 아들을 키우는 엄마들에게 용기를 주고 싶다. 아들과 소통하지 못해 힘겨워하는 대한민국의 엄마들에게 작은 위로를 전해 주고 싶다.

누구보다 감성적이며 마음이 따뜻하고 섬세한 아들은 엄마와의 값진 여행을 통해서 세상에 없던 멋진 작가가 될 것이다. 엄마가 꿈을 향해 거침없이 도전했듯이 아들도 자신의 꿈을 포기하지 않고 멋지게 살아가는 사람이 되길 바란다.

세상에 단 하나뿐인, 내 목숨과 바꾸어도 아깝지 않을 아들이 더 큰 세상에서 더 큰마음으로 살아갈 수 있도록 제대로 가르치고 싶다. 머릿속에 집어넣기만 하는 지식이 아닌, 살아 있는 배움을 통해 더 많은 것을 얻을 수 있도록 말이다. 엄마와의 세계여행, 그리고 여행 에세이 쓰기를 통해 더 큰 꿈을 꾸게 되리라 믿는다.

나이가 더 들었을 때 그때를 떠올리며 정말 행복했었다고 말할 수 있을 것 같다. 그리고 아들이 내 나이가 되었을 때 더 크게 공감할 것이라 기대해 본다. 나중에 내가 세상을 떠나고 난 뒤, 아들은 엄마가 그리울 때마다 책을 꺼내 볼 수 있을 것이다.

아들과 함께하는 세계여행은 내 인생에서 다시 오지 않을 값진 시간이 되리라 믿는다. 아들과 함께 여행하며 생각을 글로 적는 작업, 생각만 해도 가슴이 뛴다. 찬란하고도 뜨거운 아들과의 여행을 책 한 권에 담을 것이다. 내가 태어나 가장 행복했던 여행의 순간이 되지 않을까 하는 생각을 해 본다. 아들과의 추억을 사진에 담고 그 사진을 책에 담아서 영원히 바래지 않을 추억으로 간직하고 싶다.

좋은 환경을 갖춘
오피스텔에서 살기
—
이하늘

'임마이티 컴퍼니' 코치, 힐링 코치, 자기계발 작가, 동기부여가
어느 날 한 권의 책으로 자신을 되돌아보고, 늘 궁금했던 '나'를 책을 통해 이해하고 진정한
모습을 찾을 수 있었다. 저서로는 《미래일기》, 《되고 싶고 하고 싶고 갖고 싶은 47가지》가 있
으며, 현재 그동안 겪었던 경험을 토대로 많은 사람들이 명확하게 표현하고, 주도적인 삶을 살
아갈 수 있도록 거절하는 법에 대한 개인저서를 집필 중이다.

E-mail skyl86@naver.com   **C · P** 010-3624-3811

눈부신 햇살로 맞이하는 아침. 커튼을 걷고 창문을 열어 상쾌한 공기를 마시며 아침잠에서 깬다. 1층으로 내려와 커피포트에 물을 얹고 잔잔한 음악을 틀고 큰 책상 위에 있는 노트북을 켜면서 하루가 시작된다.

내가 이사를 가야겠다고 마음먹은 순간부터 생생하고 드라마틱하게 상상한 장면이다. 이모와 함께 살았던 우리 집에서 나와 큰언니, 작은언니는 한 방을 같이 썼다. 정확히 말하면 같이 썼다기보다 작은언니와 내가 큰언니 방에 얹혀 산 것이다. 어렴풋이 기억나는 것은 항상 엎드려서 책을 보거나 공부했던 것이다. 나

는 고등학생이 되어서야 기숙사 생활을 하면서 나의 책상을 가질 수 있었다. 나름대로 책상을 정리하고 꾸몄던 기억이 난다.

이후 대학교를 졸업하면서 집에서 독립해 언니와 함께 살 공간을 마련했다. 비록 내 집은 아니었지만, 나만의 공간이 생긴 것만으로도 행복했다. 시간이 흘러 각자의 직업이 생기고 결혼을 한 언니들과 헤어져 나는 3년 전부터 혼자 살게 되었다. 집이 너무 커서 아담한 집으로 옮겨 본격적으로 내 공간을 가지게 되었다.

집을 옮기면서 나름대로 조건이 있었다. 먼저 밝아야 하고 책상이 있으며 화장실이 깨끗해야만 했다. 넉넉한 자금이 있는 것이 아니었기 때문에 처음부터 조건을 만족시키는 집을 찾기란 쉽지 않았다. 하지만 부동산 중개소의 도움으로 꿈에 그리던 집을 찾았다. 모든 것이 다 세팅된 심플하면서도 전체적으로 하얀색 톤의 집이었다. 그중 가장 먼저 확인했던 것은 책상이었다. 사회생활을 하면서 집에서 책상에 앉을 일은 많이 없었지만 어릴 때 내 책상이 없었던 것이 이유가 된 것 같다. 그렇게 제대로 된 나의 첫 공간에서의 생활에 만족했었다.

그러나 그 집에서 2년을 채 못 살고 건물에 문제가 생겨서 이사를 가야만 했을 때는 속상한 마음을 달랠 길이 없었다. 처음으로 독립한 나만의 공간이었고 너무 좋아했던 집이라 갑자기 집을 옮겨야만 했을 때 다른 집이 눈에 들어오질 않았다. 나는 무조건 똑같은 집을 찾았다. 그러던 중 우연히 근처에서 구조가 똑같은 원룸을 찾았다. 나는 바로 계약을 하고 이사했다. 나는 그전 집과 똑같이 가구를 배치하고 생활했다.

그러던 어느 날 집이 답답하게 느껴졌다. 모든 게 다 갖춰진, 깔끔하고 혼자 살기 좋은 집이었지만 좁다는 생각이 드는 순간 불편해지기 시작했다. 하루를 끝내고 집으로 들어왔을 때 편하게 쉴 수 있는 공간이라는 느낌이 없었다. 책으로 채워진 책상은 예전 집에 비하면 넓은 상태였지만 책상에서 아무런 작업도 할 수 없었다. 책장은 책으로 넘쳐 났고, 책상 위까지 책이 쌓여 있었다. 나는 이 책들을 다 꽂을 수 있는 큰 책꽂이가 필요했고 더 넓은 환경을 원했다.

그러면서 나는 서재를 꿈꾸기 시작했다. 갑자기 대학생 때 살고 싶었던 오피스텔이 생각났다. 그동안 주어진 환경에 맞추어 살았기에 어렸을 때 꿈꿨던 오피스텔을 까맣게 잊고 있었다.

나는 그날부터 오피스텔과 좋은 환경의 집을 검색하기 시작했다. 내가 원하는 집의 이미지를 출력해 벽에 붙이거나 휴대전화에 저장해서 자주 보며 시각화했다. 원룸이 아닌 분리형 복층이 있는 집에서 살고 싶었다. 1층과 2층으로 되어 있는 집에 대한 막연한 로망이었다. 대학교 새내기 때 선생님 집에 놀러 간 적이 있었는데 창문이 크고 천장이 높은 복층 오피스텔이었다. 그 오피스텔에 반해서 연신 감탄했던 적이 있다. 언젠가는 나도 이런 집에서 살아야겠다고 생각했다.

이제는 막연하게 좋은 오피스텔이 아닌, 좀 더 구체적으로 구상하기 시작했다. 1층은 나만의 서재와 거실로 되어 있다. 전면의 큰 창을 통해 따사로운 햇살이 드리우며 뒤로는 큰 책꽂이가 있다. 대형서점 못지않게 다양하고 많은 책들이 꽂혀 있다. 큰 책상 위에는 집중이 잘되는 은은한 조명 아래 자주 보는 책들이 놓여 있고, 시각화하기 위한 이미지 액자가 가지런히 세워져 있다. 수시로 액자를 보면서 자연스레 동기부여를 받는다. 과거에는 책상에 책들과 드림보드를 구분 없이 얹어 놓기 바빴지만 나의 꿈꾸는 서재의 책장과 큰 책상은 깔끔하게 정리 정돈되어 있다.

책상 귀퉁이에 세워져 있던, 꿈꾸고 상상하면 이루어지는 드림보드는 멋지게 업그레이드되었다. 새롭게 큰 보드를 장만해 정리한 것이다. 이미 이루어진 것을 떼어 내고 크게 생각하고 크게 꿈꾸고 크게 행동하기 위해 더 많은 드림리스트를 만들었다. 업그레이드된 나의 꿈이 이루어지기를 기대해 본다.

또 다른 공간인 거실에는 내가 좋아하는 호주국기 모양의 러그와 미니 소파, 테이블이 놓여 있다. 매일 아침 커피 한 잔을 마시며 간단하게 책을 읽고, 잠을 깨거나 잠깐 쉬면서 많은 아이디어를 구상할 수 있는 나만의 미니 카페이기도 하다.

2층으로 분리된 공간은 포근하고 편하게 잘 수 있는 침실이다. 머리맡의 따뜻한 조명과 아로마 향, 푹신한 매트리스가 깊은 숙면을 취할 수 있게 해 준다. 책을 쓰는 것이 직업이 된 내가 언제든지 일상의 아이디어나 글감 키워드, 사례를 기록하거나 독서를 할 수 있는 이동식 미니 테이블도 갖춰져 있다.

꿈꾸기 시작하면서 주거환경에 대한 나의 기대가 서서히 바뀌기 시작했다. 더 이상 잠만 자는 공간이 아닌, 나의 미래가 만들어지고 이루어지는 드림하우스로 말이다. 지금은 누구나의 로망인 오피스텔을 꿈꾸지만, 앞으로 내 명의의 아파트와 더 많은 공간을 원한다. 30대에는 30평대 아파트, 40대에는 50평대 주상복합빌딩, 50대에는 60평대 고급 단독빌라를 매입할 것이다.

모던한 아일랜드식의 홈 바가 있는 부엌에서 나를 위한 요리를 하기도 하고 사람들을 초대해 맛있는 요리를 해 먹으며 즐거운 시간을 함께한다. 그리고 가족들과 친구들이 와서 자유롭고 편하게 쉴 수 있는 게스트 룸도 있다. 고급스러운 대리석 바닥과 심플하면서도 모던한 가구들이 배치되어 있는 거실과 방은 아늑하면서도 포근하다.

이렇게 나는 차츰 집의 규모를 넓혀 갈 것이다. 생각으로만 그치는 것이 아니라 TV에서만 보았던 화려한 집의 주인이 되어 드림랜드를 이룰 것이다. 나는 좋은 환경과 넓은 공간을 위해 더 많은 것을 생각하고 행동할 것이다. 여기서 멈추지 않고 계속해서 좋은 환경을 향해 나아갈 것이다.

꿈과 희망을 전하는
강연가 되기
—
고수진

실내건축 인테리어 전문가, 동기부여가, 강연가, 자기계발 작가
꿈만 간직하고 달리다 늦어 버린 시간 속에 묻어 버리는 것이 너무도 아쉬워서 이제부터라도 작가와 동기부여 강연가라는 꿈을 실현시켜 보고 싶은 마음에 글을 쓰기 시작했다. 저서로는 《되고 싶고 하고 싶고 갖고 싶은 47가지》가 있으며, 그동안 겪어 온 시련을 거울삼아 현재 개인 저서를 준비 중이다.

나는 가난한 집의 3남 3녀 중 맏이로 태어났다. 우리 집은 가난한 데다 식구가 많아서 식사 때마다 전쟁이었다. 먹을 것이 부족하기 때문이었다. 지금 생각하니 아련한 추억이지만 그 당시는 정말 너무 힘들었다. 농촌이라 밭에서 농사를 짓는 일 외에는 다른 일은 없고 식구는 많아 걱정이 말이 아니었다. 아버지는 술만 마시면 술주정을 부리며 우리를 잠 못 들게 했고, 어린 나로서는 할 수 있는 것이 없었다. 의식주가 해결되지 않는 상태라 미래에 대해 생각할 여유도 없었다.

요즘은 너무 빠른 시간 속에 살다 보니 무엇을 하려고 해도 자신감이 없다. 그러나 언제까지 나이 탓과 시간 타령만 할 수는 없다. 그래서 10년 전부터 생각해 왔던 강연을 꼭 해 보고 싶다. 언젠가 친구와 식사 중에 이런 나의 마음을 전한 적이 있다. 그런데 친구는 이 나이에 무슨 강연을 하느냐며 포기하라고 했다. 그러나 내 마음 한구석에는 기회만 되면 반드시 강연을 하겠다는 생각이 항상 남아 있다. 모든 것이 마음먹고 실행하기에 따라 달라진다고 믿는다.

생각하고 행동하고 실행하는 습관이 생활화되려면 62일이 걸린다고 한다. 그만큼 습관을 들이는 것은 어렵다. 노후를 준비하는 과정은 힘들지만 앞으로 20년을 살아가려면 지금 준비해도 늦은 것은 아니라 생각한다.

언젠가 TV에서 90세 어르신이 원동기 면허시험에 도전하는 모습을 보고 나는 상당한 충격을 받았다. 몇 번이나 낙방했지만 열심히 도전해 결국 시험에 합격해서 기뻐하는 모습을 보니 나도 좋았다. 어르신이 원동기 면허증을 딴 이유는 친구들과 오토바이로 전국 일주를 하고 싶어서라고 했다. 보통 그 나이가 되면 아무것도 하지 않고 시간만 보낼 것이라는 고정관념을 완전히 깨 버린 것이다. 나도 지금 도전해도 늦었다고 생각하지 않는다. 건강만 허락하면 나이는 숫자에 불과하다. 뭐든지 도전하는 사람에게 길은 항상 열려 있다.

강연을 하고 싶다는 생각은 10년 전부터 하고 있었지만 가정이 우선이기에 잠시 잊고 있었을 뿐이다. 지금 하지 않으면 기회는 영영 오지 않을 것이다. 내 열정을 다하면 반드시 할 수 있다고 자신한다. 이 땅에 태어날 때는 빈손으로 태어났지만 갈 때는 하나라도 남기고 가야 내가 이 세상에 온 보람이 있다고 생각한다. 나는 아무 의미 없이 시간을 보내고 있는 사람들에게 희망과 메시지를 전하는 자기계발 강연가로 노후를 준비하고 활동하려고 한다.

지금 우리나라 국민들은 행복의 기준이 돈이라고 생각하고 있는 듯하다. 물론 돈이 많으면 좋겠지만 돈이 행복을 가져다주지는 않는다. 그보다 사회를 위해서 의미 있는 일을 하면서 사는 사람들이 훨씬 행복지수가 높다. 자신과 맞는 직업을 찾는 것은 힘들겠지만 돈에 욕심을 덜 내면 가는 길이 즐겁지 않을까 생각한다. 사람마다 추구하는 것이 다르기 때문에 가는 길이 다 같을 수는 없다.

나도 돈을 벌려고 노력했지만 그리 쉽지 않았다. 아무 준비 없이 시작한 사업이 실패해 3년 만에 완전 빈 깡통이 되었다. 그 후 엄청난 고통과 시련을 겪고 보니 내가 너무 안이하게 생각했구나, 하는 후회가 밀려왔다. 내 모든 것을 바쳐서 시작한 사업이 무너지고 또 가정까지 붕괴되고 나니 더 이상 갈 곳이 없었다. 나는 그때 얻은 깨달음과 교훈들을 다른 사람들과 나누고 싶다. 강의를 통해 많은 사람들에게 메시지를 전하고 꿈과 희망을 가지고 살도록 돕고 싶다. 모든 것을 잃은 슬픔 뒤에 오는 낙심은 겪어 본 사람만이 알 수 있다. 나는 당장 살아야 하기에 안 해 본 일이 없다. 그저 편하게 인생을 살다 가는 것이 아닌, 아름다운 세상을 더욱 빛나게 만들고 싶다. 나는 오늘도 그 꿈을 이루기 위해 발버둥 친다. 희망이 있으면 모든 일이 즐겁게 느껴지며 하는 일도 잘되리라 믿는다.

사람들은 조금만 편한 상황에 놓이면 그 안정감에 빠져서 미래를 준비하지 않는다. 건강도 마찬가지다. 평상시 습관이 중요하다. 자기 몸은 본인이 관리하지 않으면 누구도 대신 관리해 주지 않는다. 나는 꿈을 꾸기 시작하면서부터 모든 수단을 동원해 나쁜 습관 바꾸기에 들어갔다. 술을 마시지 않은 지는 6년 정도 되었고 담배는 원래 피우지 않았다. 운동도 꾸준히 하면서 나쁜 습관을 떨쳐 버리고 비상하는 그날이 오기만을 기다리며 준비하고 있다. 나이 들었다고 절대 포기하지 않는다. 소망이 있기에 나는 오늘도 힘든 노동 현장에서 웃으며 즐겁게 하루하루를 보내고 있다.

현실에 안주하지 않는 것이 중요하다. 최근 우리가 사는 세상은 각박하고 황금만능주의에 빠진 듯하다. 노후는 불안하고 뚜렷한 대안이 없다. 수명은 늘어나 백세시대가 되었는데 그것에 대비하고 있는 사람이 과연 얼마나 될까 궁금하다. 안정된 직장에 소속되어 있으면 타성에 젖어서 변화할 생각을 하지 않는다. 그저 돈만 많이 벌면 되겠지, 생각한다.

나도 한때는 그랬다. 사는 게 보람도 없고 허전했다. 그러나 시간이 지나면서 나는 일에 대한 생각을 바꿨다. 그래서 언젠가부터 조금씩 준비하고 있다. 책을 읽고 그에 따른 다른 정보도 알아보며 나만이 가야 하는 길이 어딘가 있겠지, 하는 마음으로 여기까지 왔다. 어릴 때는 꿈도 없이 무작정 공부만 하면 다 해결되는 줄 알았다. 그런데 사회에 나오니 아니었다. 내가 갈 길이 어딘지 분간이 안 되었다. 공부도 하지 않았지만 나를 이끌어 주는 사람도 없이 그냥 그렇게 달려왔다. 이제 말년이 되고 보니 내가 잘못 살아왔다는 것을 알았다.

삶은 내가 만들어 가야 한다. 누가 대신 내 인생을 살아 줄 수도 없고 강요할 수도 없다. 주어진 여건을 얼마나 잘 활용하고 도전하며 노력하느냐에 따라 앞으로의 인생이 달라진다. 이 사실을 좀 더 일찍 알았더라면, 하는 아쉬움도 있지만 지금도 늦지 않았다. 나는 할 수 있기에 도전한다. 내가 가는 길을 내가 만들고 노력하면 그 길은 나에게 또 다른 희망과 즐거움을 안겨 줄 것이다.

많은 사람들 앞에서 강연할 생각을 하니 벌써부터 가슴이 떨린다. 전국을 누비며 다른 사람들의 삶에 희망과 꿈을 주는 강연가가될 날이 반드시 올 것이라 확신한다. 그에 대한 준비를 잘해야겠다.

길고 짧은 것은 대봐야 안다. 이 도전은 나를 흥분하게 한다. 이것이 노후에 대한 나의 간절한 희망이자 꿈이다. 말로만 하지 않고 행동으로 보여 주겠다.

꿈친구들과 서로 응원하며
즐거운 세상 만들기

고숙희

베이커리 대표, 자기계발 작가
제주에서 태어나 제주에 살면서 남편과 작은 동네 빵집을 운영하고 있다. 지금은 비록 작지만
앞으로 큰 가게를 여는 것을 목표로 정성을 다해 매일 신선하고 맛있는 빵을 만들고 있다.

Blog http://blog.naver.com/jeju-dalgona   **Instagram** jeju_dalgona

나는 서울에서 볼일을 본 뒤 돌아오기 전에 비행기 시간을 여유롭게 잡고 김포공항에 위치한 대형서점에 꼭 들른다. 제주에는 대형서점이 없기도 하고 비행기를 기다리는 그 시간, 서점은 나에게 꿈을 꾸게 해 주는 장소이기 때문이다. 분야별로 나뉘어 있는 많은 책 중에서 관심 있는 책을 찾아 읽으면서 나는 꿈을 꿀 용기를 갖고는 한다.

나는 꿈이 많다. 되고 싶은 것도, 하고 싶은 것도, 갖고 싶은 것도 많다. 20대부터 돈을 벌면서 관심 있고 배우고 싶은 일에 돈을 썼다. 돈을 벌어 나에게 투자하고 또 돈을 버는 삶을 살아왔다. 또한 인문도서, 자기계발도서, 사회·정치도서 등 가리지 않고

책을 읽었다. '독서가 인생을 바꾼다'라는 말을 믿었기 때문이다.

하지만 지금까지 책을 읽기만 했다. 그러니 아무리 많은 책을 읽었어도 기억에 남는 책은 없었다. 책을 통해 깨달은 것은 없는 상태에서 꿈만 꾸었다. 그런 내가 바뀌기 시작했다. 내 이름으로 된 책을 쓰고 싶다는 생각으로 행동하기 시작하면서부터 책을 제대로 읽는 방법을 배웠다. 책장에 장식용으로 꽂아 두었던 책을 하나씩 다시 꺼내 읽으면서 나만의 독서법을 찾았고, 책이 전하는 메시지를 발견하기 시작했다.

나는 현재 남편과 함께 제주도에서 조그만 빵집을 운영하고 있다. 남편과 함께 일하다 보니 서로 부닥치는 횟수도 많아 일도 힘들지만 마음도 힘들었다. 우리는 점점 예민해졌다. 나는 이런 상황에서 탈출하고 싶어 다시 책을 읽었다. 특히 자기계발서를 주로 읽었는데, 그러면서 목표를 세우기 시작했다. 처음에는 작은 목표 하나도 세우기 힘들었다. 그저 막연하게 돈 많이 벌어 가족여행도 가고 사고 싶은 것 마음껏 사면서 잘 살자는 생각만 했다. 이렇게 살다 보니 시간은 흘러가고 내 인생은 제자리였다. 나는 시간을 내서 차분히 목표를 생각하고 하나씩 종이에 적었다.

1년 후: 제주도에서 '달고나 쿠키&케이크'를 모르는 사람이 없다.

3년 후: 적게 일하고 돈을 많이 버는 시스템을 만든다.

가족과 함께 해외여행을 간다.

제자를 키운다.

5년 후: 우리 가게를 프랜차이즈화한다.

우리 가게를 미국까지 뻗어 나가게 만든다.

사장이 없어도 돌아가는 시스템을 만든다.

10년 후: 건물을 지어 제주도와 관련된 일을 하는 작가들에게

저렴하게 임대해 준다.

제주도에 도움이 되는 일을 한다.

이렇게 목표를 세우는 것만으로도 마음이 든든해졌다. 꼭 이루어질 것 같다는 확신이 들었다. 부부가 같이 뚜렷한 목표를 세우고 행동하다 보니 어쩌다 싸우더라도 금방 화해했다.

지금은 다른 생각을 할 여유 없이 현재 하고 있는 사업을 크고 안정적으로 키워 나갈 생각뿐이다. 그러기 위해서는 힘들다고, 실패한다고 해서 포기하지 말고 끝까지 실현해 나가야 한다. 또한 꾸준히 목표를 업그레이드하면서 사업과 관련된 전문 지식을 습득할 것이다.

나는 '명품 인맥'을 갖고 싶다. 돈이 많고 명성과 지위가 높으며 학식이 뛰어난 사람이나 저명인사를 많이 아는 관계가 아니라

서로 성장하고 발전하는 데 도움이 되는 협력적인 인간관계 말이다. 꿈맥, 꿈친구라고 할 수 있겠다.

사람이 혼자 할 수 있는 일은 생각보다 많지 않다. 남편과 내가 처음 이 가게를 열 때, 저렴한 임대 조건의 가게를 찾는다는 것을 안 지인이 좋은 가게가 하나 나왔다고 알려 줘 계약을 할 수 있었다. 나중에 알고 보니 건물주는 우리 아버지 친구분이셨다. 인테리어 또한 적은 돈으로 하려다 보니 하나하나 발품을 팔고 직접 만들어 가게를 꾸미면서 이쪽 계통의 사람들과도 연락을 주고받을 정도로 친한 사이가 되었다.

가게를 시작하고 처음 한두 달은 솔직히 인맥 장사였다. 지인들이 가게를 방문해 빵을 구입해 주고 입소문을 내 주면서 첫 달부터 지금까지 일정한 수입을 유지할 수 있었다. 또한 사업을 시작하니 궁금한 것이 많아지고 그 안에서 이런저런 시도를 하게 되었다. 그러다가도 뭔가를 놓치고 있는 것 같고 고객이 진짜 원하는 것이 무엇인지, 어떤 변화를 줘야 하는지 고민하게 되었다. 그러다 우연히 한 사업가와 인연을 맺고 컨설팅을 들음으로써 궁금했던 점, 나아가야 할 방향 등을 짧은 시간 내에 속 시원하게 해결할 수 있었다.

이렇듯 사업은 절대 혼자서는 못하는 일이다. 주위 사람들의 도움과 책에서 얻은 지식 및 경험들을 통해 발전할 수 있다.

나폴레온 힐의 《놓치고 싶지 않은 나의 꿈 나의 인생》을 보면, "협력자는 나를 돕는 유익한 벗"이라고 표현하고 있다. 또한 "포드가 눈부시게 발전한 시기가 토머스 에디슨과 친구가 된 무렵이라는 사실이다. 이것만 보아도 사람과 사람 사이에서 일어나는 마음의 교류가 성공에 얼마나 큰 영향을 미치는지 잘 알 수 있다. 한발 더 나아가서 포드는 하베이 파이어스턴이나 루터 버뱅크, 윌리엄 버로스 등 훌륭한 인재를 만난 무렵부터 큰 성공을 거두었다. 이처럼 훌륭한 친구들과의 정신적 교류가 얼마나 큰 에너지를 만들어 내는지 마음 깊이 새겨두기 바란다."라고 말한다.

　나 또한 나중에는 내 경험과 노하우들을 다른 사람에게 알려주고 도움을 주고 싶다. 좋은 친구들과 함께 나이 들어서도 서로의 꿈을 응원하며 같이 나아가는 즐거운 세상을 만들고 싶다.

지식과 경험을 나누며 살아가는
성공 철학 메신저 되기

차정혁

의식조각가, 동기부여가, 1인 창업 컨설턴트, 자기계발 작가
Great하게 생각하고, Great하게 말하며, Great하게 행동하자는 모토를 가진 '나다움연구소 (G.G.G Academy)'의 소장으로서 뻔한 일상 속에서 성공 요소를 찾아 주는 '뻔한 이야기', '혁이 성공학' 등 다양한 칼럼으로 대중과 소통하고 있다. '대한민국 나폴레온 힐'이라는 닉네임으로, 작가이자 동기부여전문가, 1인 지식창업 컨설턴트로 활동 중이다. 저서로는 《부모님에게 꼭 해드리고 싶은 39가지》, 《되고 싶고 하고 싶고 갖고 싶은 47가지》가 있다.

Email blackmoon426@naver.com **Blog** www.gggacademy.co.kr
C · P 010-9482-3497

자신의 인생에 대해 질문을 던지게 하는 영화 〈버킷리스트〉의 주인공들은 다음과 같은 대화를 나눈다.

"그거 아는가, 고대 이집트인들은 죽음에 대해서 멋진 믿음을 갖고 있었다네. 영혼이 천국의 입구에 가면 말이야. 신이 그들에게 두 가지 질문을 하는데, 그 대답에 따라서 천국에 갈지 말지가 결정되었다는군. 하나는 '인생에서 기쁨을 찾았는가?'이고, 또 다른 하나는 '너의 인생이 다른 이들에게 기쁨을 가져다주었느냐?'라네."

나는 영화를 보고 난 뒤 잠시 눈을 감고 이 질문에 스스로 답해 보았다. 만약 인생을 마감하는 시점에서 두 질문에 답해야 하는 상황이라면 나는 어떤 대답을 할 수 있을까? 첫 번째 질문에 대해서는 당당하게 "저의 인생에서 즐거움을 찾았습니다."라고 대답할 수 있었다. 그리고 두 번째 질문에는 지금 당장은 확신할 수 없지만 인생을 마감하는 시점에서는 많은 사람들과 기쁨을 나누며 살았을 것이라는 확신이 들었다.

나는 어떻게 이러한 확신을 가질 수 있었을까? 아마도 지금 하고 있는 일이 즐겁고 이 일을 통해서 나의 소명을 완성시킬 수 있을 뿐 아니라 다른 사람도 도울 수 있다는 믿음이 마음에 새겨졌기 때문이라고 생각한다. 그동안 무의미했던 하루하루가 지금은 무엇과도 바꿀 수 없는 보석처럼 보이고, 일상생활에서 깨달은 지식, 경험, 노하우를 활용해 다른 사람의 삶도 나아지도록 돕고 있다. 그뿐만 아니라 사람들이 필요로 하는 조언을 해 주거나 관련된 정보를 제공해 주고 그에 합당한 대가를 받음으로써 나의 개인적인 성장과 먹고사는 문제도 해결할 수 있다는 확신이 생겼다. 즉, 의미 있는 삶과 물질적으로 만족스러운 삶 이 두 가지를 동시에 충족시키면서 살아갈 수 있는 새로운 길을 걸어가게 됨으로써 두 번째 질문에 대해서도 확신할 수 있었던 것이다.

이쯤에서 많은 사람들이 '도대체 무슨 일을 하고 있기에 자신의 삶을 즐기면서 살아가고 있다고 당당하게 말하는 거지?'라며 궁금해할 것이다. 나는 '대한민국의 나폴레온 힐'이라는 닉네임으로, 이 시대에 맞는 성공 철학을 연구하고 분석함으로써 얻은 나의 지식과 경험을 나누며 살아가는 1인 기업가다. 즉, 성공 철학 메신저로서 살아가고 있다.

아직 우리나라에는 익숙하지 않은 메신저라는 삶을 살면서 많은 사람들이 노예와 같은 직장생활에서 벗어나 자신만의 가치를 깨닫고 성공적인 삶을 살아갈 수 있도록 도와주고 있다. 왜냐하면 자신의 지식과 경험을 나누면서 살아가는 삶은 특별한 사람에게만 주어진 것이 아니라 우리 모두에게 주어진 삶이기 때문이다.

우리는 이 세상을 조금이라도 더 나은 방향으로 변화시키려는 각자의 소명을 지니고 태어났다는 사실을 깨달아야 한다. 그리고 세상을 변화시키는 가장 좋은 방법은 자신이 가장 좋아하고 잘할 수 있는 분야에서 쌓은 지식과 경험을 바탕으로 책을 써내는 것이다. 하지만 책을 써야 한다고 이야기하면 대부분의 사람들은 다음과 같은 반응을 보인다.

"저는 독서를 하지 않는데 글을 쓰는 것이 가능할까요?"

"글을 써 본 적도 없고 한 번도 글짓기에서 상을 받은 적이 없는데 책을 쓸 수 있을까요?"

당연히 가능하다. 왜냐하면 나도 책을 썼기 때문이다. 대부분의 사람들이 책을 집필하려면 문장력이 좋거나 국어국문학과 또는 문예창작학과 출신이어야 한다고 생각한다. 하지만 아이러니하게도 대부분의 작가들은 국문과 출신이 아닌 경우가 훨씬 많다. 나는 기계공학부 출신이다.

나는 직장에 몸을 담고 있든, 자영업을 하든 누구나 자신의 분야에서 쌓은 지식과 경험들을 책으로 출판해 다른 사람들과 함께 나눠야 한다고 생각한다. 앞으로 다가올 시대는 자신의 저서와 콘텐츠에 담긴 가치와 실용적인 지식, 그리고 생산과 유통을 돕는 인터넷, 스마트폰, 소셜미디어가 이끌어 가는 지식 창조의 시대가 될 것이기 때문이다. 이러한 시대의 물결은 주변을 둘러보면 알 수 있다.

인터넷의 급속한 발달로 정보의 생산과 전달 과정을 기업에 의존하지 않고 개개인이 할 수 있게 되었다. 그로 인해 누구나 상대방에게 도움이 될 수 있는 유익한 콘텐츠를 만들어 자신의 영향력을 넓히고 부를 축적할 수 있다. 이렇게 활동하고 있는 1인 기업가들이 나날이 늘어나고 있다.

이런 시대에서 자신의 이름으로 된 책을 쓰는 것은 생존을 위한 필수적인 조건이다. 그리고 더 나아가 대한민국의 모든 국민들이 자신의 이름으로 된 저서를 한 권씩 집필함으로써 지식과 경험을 함께 나누게 된다면 대한민국이 '문화 강국'으로 나아갈 수 있을 것이라고 믿는다.

　나는 대한민국이 제조업 강국을 넘어서 자신의 지식과 경험을 함께 나누며 행복해지는 문화 강국으로 성장해야 한다고 생각한다. 그래서 나는 오늘도 국조 단군의 이상인 홍익인간처럼 자신뿐만 아니라 널리 사람들을 이롭게 하며 살아가는, 문화 강국이 된 대한민국을 꿈꾼다. 그리고 그 꿈을 이루기 위해 나부터 지식과 경험을 나누며 다른 사람들의 성공을 돕는 성공 철학 메신저로서 영향력을 넓혀 나갈 것이다.

　이런 노력들이 조금씩 빛을 발하고 뜻을 함께하는 사람들이 늘어난다면 반드시 꿈이 이루어질 것이라고 믿는다. 그리고 모든 사람들이 천국의 문 앞에서 신의 두 질문에 당당하게 "네!"라고 대답할 수 있길 바란다.

되고 싶고 하고 싶고 갖고 싶은 40가지

초판 1쇄 인쇄 2017년 3월 23일
초판 1쇄 발행 2017년 3월 30일

지 은 이   김태광 · 진찬란 외 38인
펴 낸 이   권동희
펴 낸 곳   시너지북
기   획   김태광
책임편집   김진주
디 자 인   이보희
교정교열   우정민
마 케 팅   김응규 허동욱

출판등록   제312-2012-000040호
주   소   경기도 성남시 분당구 수내동 16-5 오너스타워 407호
전   화   070-4024-7286
이 메 일   synergybook@naver.com
홈페이지   www.wbooks.co.kr

이 도서의 국립중앙도서관 출판도서목록(CIP)은 서지정보유통지원시스템
홈페이지(http://seoji.nl.go.kr)와 국가자료공동목록시스템(http://www.nl.go.
kr/kolisnet)에서 이용하실 수 있습니다.(CIP제어번호:2017006132)

시너지북은 독자 여러분의 책에 관한 아이디어와 원고 투고를 설레는
마음으로 기다리고 있습니다. 책으로 엮기를 원하는 아이디어가 있으신 분은
이메일 synergybook@naver.com으로 간단한 개요와 취지, 연락처
등을 보내주세요. 망설이지 말고 문을 두드리세요. 꿈이 이루어집니다.

시너지북은 위닝북스의 브랜드입니다.

※ 책값은 뒤표지에 있습니다.
※ 잘못 만들어진 책은 구입하신 서점에서 교환해 드립니다.